kosmos

Geheimnisse aus dem Klostergarten

Christa Weinrich OSB

Geheimnisse aus dem Klostergarten

Säen und pflanzen, pflegen und ernten

Zusammengestellt von Joachim Mayer

Kosmos

Inhalt

GEHEIMNISSE AUS DEM KLOSTERGARTEN

Inhalt

Inhalt

JULI UND AUGUST

SEPTEMBER UND OKTOBER

Inhalt

NOVEMBER UND DEZEMBER

ANHANG

2. Gemeiner Kürbis
Cucurbita Pepo.

VORWORT

370 Jahre alt sind die Mauern, die den Klostergarten der Abtei zur Heiligen Maria in Fulda umschließen. Zwar liegen uns aus den ersten Jahrhunderten keine schriftlichen Aufzeichnungen darüber vor, wie und was damals angebaut wurde, doch dürfen wir sicher annehmen, daß nach der Tradition der alten Klostergärten Gemüse, Obst und Kräuter zur Versorgung der Gemeinschaft im Garten kultiviert wurden. Den Begriff „Biologischer Gartenbau" gab es damals noch nicht, allerdings auch noch keine chemischen Dünge- und Pflanzenschutzmittel. Aber genau zu dem Zeitpunkt, als diese ihren Siegeszug nicht nur in der Landwirtschaft, sondern auch in den Gärten antraten – bereits vor einem halben Jahrhundert –, begann man im Fuldaer Klostergarten konsequent biologisch zu arbeiten. Fertige Rezepte oder Literatur zum naturgemäßen Gärtnern gab es noch nicht. So wurde hinter den hohen Klostermauern experimentiert mit Spritzbrühen aus Pflanzen, mit Mischkulturen, Bodenbedeckung und vor allem in der Kompostbereitung mit einem Kräuterpulver, das seit 1953 in der Abtei hergestellt und unter dem Namen Humofix vertrieben wird. Lehrmeisterin und Vorbild war dabei die Natur selbst, der die wichtigsten Methoden abgeschaut wurden. Aber auch alte, noch von unseren Vorfahren überkommene Arbeitsweisen und deren Erfahrungswissen kamen zur Anwendung.
Heute entschließen sich immer mehr Gartenbesitzer dazu, ihr Stück Boden ohne Gifte mit rein natürlichen Methoden zu bearbeiten. Oft bringt das aber eine Fülle von Fragen und Problemen mit sich, gerade in der Übergangszeit. Das vorliegende Buch versucht darauf zu antworten und – nach Monaten geordnet – all jenen einen Wegweiser an die Hand zu geben, die ohne viel Zeitaufwand jeweils über die notwendigen Arbeiten orientiert werden wollen. Hilfreiche bewährte Tips zu verschiedenen, im aktuellen Monat auftauchenden Problemen oder Themen ergänzen die Ausführungen.
„Geheimnisse aus dem Klostergarten" ist ein Buch, das nicht am Schreibtisch entstand, sondern ganz aus der Praxis gewachsen ist. Die Namen all derer, die sich im Laufe langer Jahre im Klostergarten um Aussaat und Ernte, um die Fruchtbarkeit des Bodens und die Gesundheit der Gartenfrüchte bemüht haben, können zwar hier nicht einzeln aufgelistet werden, aber sie alle haben „mitgeschrieben" an diesem Buch. Ihnen allen sei daher in besonderer Weise gedankt, für ihren Beitrag zu dem vorliegenden Gartenratgeber, der nun seinen Weg zu den Lesern antreten kann. Unsere besten Wünsche für gutes Gelingen begleiten ihn und alle, denen er zu reichen Ernten und noch mehr Freude am Gärtnern verhelfen kann.

Sr. Christa Weinrich OSB
Abtei Fulda

JANUAR UND FEBRUAR

JANUAR

BLÜTEN IM WINTERLICHEN GARTEN

Wenn auch Kälte und Schnee scheinbar alles Leben in der Pflanzenwelt zum Stillstand gebracht haben, so braucht doch das Blühen in unseren Gärten kein Ende zu nehmen. Im schützenden Winkel unter den Zweigen eines Strauches, der im Sommer Schatten und feuchte Kühle spendet, regt sich teils bereits im Dezember die Christrose *(Helleborus niger)*; die weißen, außen rosa getönten Blüten leuchten über ornamentalem dunkelgrünem Laub. Auch die Schneeheide *(Erica carnea)* zeigt sich schon in verschwenderischer Pracht. Ab Oktober bis in den April hinein schmücken sich ihre Triebe überreich mit hängenden Blütenglöckchen in Rosa, Rot oder Weiß. Gern wird sie für winterliche Balkonbepflanzungen verwendet.
Doch das schönste Erlebnis in dieser Zeit ist ein im Schnee blühender Strauch: die Zaubernuß *(Hamamelis mollis* und *Hamamelis japonica)*. Wie dicke Spinnen mit langen, gewellten, gelben Beinen bedecken die Blüten das nackte Holz des kleinen Strauches, der im Sommer so unscheinbar und bescheiden wirkt. Nun jedoch ist er unter den Gehölzen König und bringt uns den winterlichen Blütenzauber in den schneebedeckten Garten.

Ein nahezu einzigartiges Blütenerlebnis zwischen Schnee und Eis bietet die Zaubernuß (Hamamelis mollis).

Schon im zarten Alter treibt er Blüten, die, ins Zimmer geholt, weit köstlicher duften, als wir es draußen in der kalten Winterluft für möglich halten. Die Blätter erscheinen später, und wir können unsere Zaubernuß bequem vergessen während all der Monate, die uns überreich mit Blumen aller Art beschenken. Erst wenn der Überfluß versiegt ist, wird sie wieder zur Stelle sein mit ihren krausen gelben Blüten. Und dann kann niemand achtlos daran vorbeigehen – denn sie vermag jeden zu bezaubern, wie ihr Name schon kundtut.

ANBAUPLANUNG FÜRS NEUE GARTENJAHR

Die Wintermonate eignen sich gut, um die Anbauplanung für das vor uns liegende Gartenjahr vorzunehmen. Nachdem wir die bevorzugten Gemüse ausgewählt und die gewünschten Mengen festgelegt haben, müssen wir uns über die Fruchtfolge auf den einzelnen Stücken und über den richtigen Zusammenbau der verschiedenen Pflanzenarten klar werden. Zu beachten sind dabei einerseits die Bedürfnisse der jeweiligen Gemüse, zum anderen die geeigneten Mischkulturen.

Vorteilhaft: die Mischkultur

Die Mischkultur hat sich gerade im Gemüseanbau sehr bewährt, ob wir nun das Land in Beete aufteilen oder über das ganze Stück hin in 40 – 50 cm Abständen Saatrillen ziehen. Zunächst sollten wir beim Mischkulturanbau ungünstige Nachbarschaften vermei-

Gute Nachbarschaft: Kohl und Buschbohnen. Auch Tagetes helfen, Schädlinge abzuwehren.

den. Hierbei genügt es im allgemeinen zu wissen, daß sich Bohnen, Erbsen und Kohl nicht mit Zwiebeln und Lauch vertragen, und daß sich Tomaten und Erbsen sowie Frühkartoffeln und Erbsen im Wachstum behindern.
Die sich fördernden Pflanzen dagegen helfen einander sowohl im Wachstum als auch im Kampf gegen Schädlinge und Krankheiten. In der praktischen Arbeit werden Sie bald herausfinden, welche Arten von Gemüse und Kräutern sich gegenseitig nützen. Gute Anhaltspunkte gibt die Übersicht ab Seite 147, in der geeignete und ungeeignete Nachbarn für alle wichtigen Gemüsearten aufgeführt sind.
Überdies ist die richtig durchgeführte Mischkultur auch ein Schutz für den Boden, der immer durchwurzelt und beschattet sein sollte, damit sich das Bodenleben entfalten kann, kein Erdreich abgeschwemmt und die Fruchtbarkeit erhöht wird. Wurzel- und Blattgemüse im Wechselbau ergänzen einander bei dieser Aufgabe.

Fruchtfolge beachten

Wenn wir Mischkulturen anlegen, ist besonders darauf zu achten, daß den starkzehrenden Pflanzen, z. B. Kohl, genügend Standraum zwischen den Reihen und innerhalb der Reihe eingeräumt wird. Außerdem sollten wir bei den Hauptkulturen, also denjenigen, die den Platz weitgehend während der ganzen Vegetationsperiode einnehmen, eine zumindest dreijährige Fruchtfolge einhalten.

Darstellung von Anis in altem Buch

Ausnahmen von dieser Regel bilden die Tomaten, die gut selbstverträglich sind und mehr als 10 Jahre hintereinander auf demselben Platz angebaut werden können – vorausgesetzt, der Boden ist humusreich und nicht mit den pilzlichen Erregern der Korkwurzel- oder Welkekrankheit angereichert. Auch Stangenbohnen lassen sich jahrelang auf dem gleichen Gartenstück anbauen, sofern der Boden regelmäßig mit gutem Kompost versorgt und mit Humus angereichert wird. Diese Tatsache erlaubt es uns, feste Vorrichtungen aus Stahl zum Hochbinden und Hochwinden der Bohnen anzubringen, die auch über Winter stehen bleiben und jedes Jahr wieder benutzt werden können.

- Zu den Gemüsearten mit hohen Ansprüchen, also den Starkzehrern, gehören: alle Kopfkohlarten, Blumenkohl, Rosenkohl, Sellerie, Rhabarber, Lauch, Endivie, Tomaten, Gurken, Zucchini, Kürbis.
- Pflanzen mit mäßigen Ansprüchen, also Mittelzehrer, sind: Schwarzwurzeln, Spinat, Rettich, Petersilie, Zwiebeln, Kartoffeln, Kopfsalat, Kohlrabi, Schnittlauch, Möhren, Rote Bete, Mangold, Fenchel.
- Zu den Schwachzehrern, also den Pflanzen mit geringen Ansprüchen, gehören: Bohnen, Feldsalat, Radieschen, Erbsen, Kresse.

Gründüngungspflanzen Senf (gelb blühend) und Phacelia (violett); letztere ist zugleich eine hervorragende Bienenweide.

Bei der Fruchtfolge sollen nun nach Möglichkeit Starkzehrer mit Schwach- oder Mittelzehrern abwechseln, damit der Boden nicht einseitig ausgelaugt, sondern die verschiedenartige Beanspruchung etwas ausgeglichen wird. Außerdem soll der Bodenmüdigkeit vorgebeugt werden, die oft auftritt, wenn selbstunverträgliche Pflanzen mehrmals hintereinander angebaut werden, z. B. Erbsen, Spargel, Chinakohl oder Möhren. Bei abwechselnden Kulturen gelingt es Schädlingen und Krankheiten nicht so leicht, sich zu vermehren. Durch manche Pflanzen können sie sogar dezimiert und am Wachstum gehindert werden, so z. B. freilebende Wurzelnematoden der Gattung *Pratylenchus* durch Studentenblumen *(Tagetes)*.
Ein weiterer Grund für die Einhaltung von Fruchtfolgen ist die Anreicherung des Bodens mit organischem Material durch die Wurzelrückstände, die im Boden bleiben. Es ist längst bekannt, daß nicht etwa eine zwischengeschaltete Brache (Anbaupause), sondern gerade die ständige Bebauung den Boden fruchtbar und lebendig erhält. Zudem bleibt dadurch eine möglichst lange Bodenbedeckung gewährleistet.
Durch Einschalten einer Gründüngung in Form von Leguminosen bringen wir Stickstoff in den Boden ein, durch Tiefwurzler wie Ölrettich wird das Erdreich tief gelockert und aufgeschlossen. Phacelia andererseits unterdrückt hervorragend das Unkraut. Senf ist die billigste Gründüngungspflanze, kann

noch sehr spät im Jahr gesät werden, bedeckt den Boden über Winter, hält ihn locker und lebendig. Allerdings soll er als Kreuzblütler nicht unmittelbar vor oder nach Kohl eingesät werden, da er – wenn auch nur in geringem Maße – die Kohlhernie überträgt.

Kulturfolge: Wechsel im Jahreslauf

Neben der Fruchtfolge, die den Wechsel der Kulturen von einem Jahr zum anderen bezeichnet, hat auch die Kulturfolge im biologischen Anbau ihren festen Platz. Darunter verstehen wir die Folge verschiedener Kulturen innerhalb einer Vegetationsperiode. Bezeichnend für die Kulturfolge ist das Nacheinander von Vor-, Haupt- und Nachkultur. So bleibt das Gemüseland fast das ganze Jahr über bedeckt, und man kann zwei- bis dreimal von ein und derselben Fläche ernten.
Beim Anbau von Mischkulturen kommen noch weitere Vorteile hinzu, wie der gegenseitige Schutz vor Schädlingen und Krankheiten sowie die allgemein positive Beeinflussung der Pflanzen durch richtig gewählte Nachbarpflanzen und eine optimale Ausnutzung des Platzes. Die folgenden

Beispiel für eine Kulturfolge: Schnittsalat im Mischanbau mit Kresse als Vorkultur, die bewährten Partner Möhren und Zwiebeln als Hauptkultur; Spinat bedeckt als Nachkultur über Winter den Boden.

Beispiele erprobter Kombinationen und Kulturfolgen können Ihnen vielleicht einige Anregungen für die Gartenplanung geben:

- Beispiel 1: Vorkultur: Senf (Gründüngung); Hauptkultur: Tomaten in Mischkultur mit Blumenkohl und Sellerie; Nachkultur: keine, der Boden wird mit den gehäckselten Ernteabfällen der Tomaten bedeckt.
- Beispiel 2: Vorkultur: Spinat; Hauptkultur: Stangenbohnen im Wechsel mit Roten Beten und Kohlrabi; Nachkultur: Feldsalat.
- Beispiel 3: Vorkultur: Ackerbohne; Hauptkultur: Gurken im Wechsel mit Kopfsalat, später nur noch Gurken; Nachkultur: Senf (Gründüngung).
- Beispiel 4: Vorkultur: Schnittsalat mit Gartenkresse; Hauptkultur: Möhren im Wechsel mit Zwiebeln und Lauch, unterbrochen von Mangoldreihen; Nachkultur: je nach Erntedatum Spinat und Senf als Gründüngung.

DAMIT DIE SAAT AUCH AUFGEHT

Wenn die Anbauplanung für den Gemüsegarten abgeschlossen ist und der Februar naht, wird es Zeit, sich um das Saatgut zu kümmern. Nur gesunde Samen mit guter Keimfähigkeit sollten Verwendung finden, denn oft liegt die Ursache für eine schlechte Ernte in mangelhaftem Saatgut begründet. Wie lange die Samen keimfähig bleiben, ist bei den einzelnen Pflanzenarten unterschiedlich. In Gartenfachgeschäften mit guter Beratung können Sie beim Saatguteinkauf entsprechende Auskunft erhalten. Einige Angaben zur Haltbarkeit verschiedener Samenarten finden Sie auch im Kapitel „Saatgut richtig lagern“ (Dezember-Kapitel).

Keimprobe: Die „Probekörner“ kommen in feuchte Watte, eine Abdeckung schützt vor Verdunstung.

Reste der Vorjahre müssen in kühlen, trockenen Räumen aufgehoben werden. Bei Samen mit ungewissem Alter machen wir eine Schnittprobe; hierbei zeigt sich, ob Keimling und Nährgewebe noch frisch sind. Auch der Geruch des Saatgutes muß angenehm sein. Riechen die Samen muffig oder schlecht, dann sind sie zu alt oder waren ungünstig gelagert.
Am besten ist es, übriggebliebene Samen einer Keimprobe zu unterziehen.

Dazu mischen wir das alte Saatgut und zählen eine bestimmte Anzahl Körner ab, die wir entweder in Weck- oder Marmeladengläser auf feuchte Watte oder Filterpapier legen oder in Tonschalen, die mit feuchtem Sand gefüllt sind. Alle Gefäße sollten abgedeckt werden, damit die Feuchtigkeit erhalten bleibt. Eventuell müssen Sie das Papier nochmals befeuchten – am besten tröpfchenweise, um nicht gleich so viel Feuchtigkeit zuzuführen, daß die Samen im Wasser liegen. Nach der den jeweiligen Arten eigenen Keimzeit müßten die Saaten anfangen auszukeimen. Geschieht das nicht, ist der Same unbrauchbar geworden. Wer Saatgut aus eigener Ernte verwendet, sollte wissen, daß schlecht ausgereifter oder in feuchten Jahren gewonnener Same anfällig bleibt und das Gedeihen der Pflanzen nachteilig beeinflußt. Selbst geerntete Samen müssen vor der Aussaat sorgfältig von Fremdkörpern gereinigt werden.

SAATBÄDER ALS GESUNDHEITSELIXIER

Kräuteraufgüsse als Samenbäder fördern vor allem das gesunde Wachstum der jeweiligen Pflanze. Wer keinen biologisch gezogenen Samen zu beschaffen weiß, nimmt den aus der Samenhandlung, beizt ihn aber auf natürliche Weise. Dazu wird Regen- oder im Winter gesammeltes Schneewasser verwendet; wenn beides nicht vorhanden ist, geht auch Leitungswasser mit einer Spur „Biosmon“ (eine Messerspitze reicht für 5 Liter). In einem Blumenuntersatz mit dem angewärmten Wasser, dem wir 4 bis 5 Stunden vorher eine Zweifingerprise „Humofix“ beigemischt haben, geben wir den Samen hinein und rühren – um das Zusammenkleben des Samens zu vermeiden – mit einem Hölzchen tüchtig um. „Humofix“ ist ein Kräuterpulver aus Löwenzahn, Brennessel, Schafgarbe, Baldrian, Kamille, Eichenrinde, Honig und Milchpulver, das sonst als pflanzenstärkendes Gieß- und Spritzmittel und vor allem auch für das Kompostieren eingesetzt wird (Näheres dazu im Monatskapitel „Mai“ beim Thema Kompostieren).

Samen von Kohlarten, Rettich und Radies bleiben 15 bis 30 Minuten im Saatbad, Salat und andere Sämereien eine Stunde, Möhren- und Selleriesamen noch etwas länger, etwa anderthalb Stunden. Danach leert man die Samen auf ein Läppchen, das über ein Gefäß gelegt ist, läßt abtropfen und bindet ab. Sie können diese Beutelchen noch für einige Zeit in nicht zu feuchte Erde stecken, wo der Samen dann vorquillt. Die Art der Samen sollten Sie immer auf einem Etikett oder ähnlichem vermerken.

Nach 2 bis 4 Stunden läßt sich das so behandelte Saatgut bereits säen. Das Keimen erfolgt sehr rasch. Wird durch plötzlichen Witterungswechsel die Aussaat verhindert, können Sie den gebeizten Samen kühl aufbewahren.

Beim Kräutersaatbad füllen wir die Samen in ein Stoffsäckchen, hängen sie in die Flüssigkeit und lassen sie schließlich auf saugfähigem Papier trocknen.

Die Beutelchen müssen dann flachgedrückt liegen, weil das Keimen schon an sich Wärmeentwicklung zur Folge hat. Die biologische Arbeit hat auch mit Aufgüssen einzelner Kräuter gute Erfolge gehabt: Für Erbsen, Bohnen, Rettich und Radieschen z. B. ist ein Samenbad aus Kamillentee zu empfehlen; für Sellerie, Tomaten, Zwiebeln und Lauch ein solches aus Baldrianblütenauszug.

Die Rezeptur: ein Teelöffel Kräuterextrakt auf 1 Liter Wasser, so lange rühren, bis die Substanz gut mit dem Wasser vermischt ist. Zeitweiliges Umrühren verhilft zur besseren Extraktion. Zweite Möglichkeit: zwei Teelöffel getrocknete Kräuter (Kamillenblüten) mit ¼ Liter kochendem Wasser aufbrühen, abkühlen lassen und abseihen. Nach 20 bis 24 Stunden hängen wir ein kleines Stoffsäckchen mit dem betreffenden Saatgut 10 bis 15 Minuten in diese Flüssigkeit. Anschließend legen wir den aufgebundenen Stoff an einem schattigen Ort auf Holz oder saugfähigem Papier zum Trocknen aus. Zum Aussäen müssen die Samen nicht ganz trocken sein, nur so weit, daß sie sich gut streuen lassen. Möglichst noch am selben Tag, spätestens am zweiten, aussäen.

ZEITIGE AUSSAATEN FÜR ZEITIGE ERNTEN

Ende Januar, Anfang Februar können Sie in Blumentöpfen bzw. -schalen oder in kleinen Vorzuchtkästen aus Holz in temperierten Räumen mit der Gemüse- und Kräutervorzucht beginnen. Entsprechend früh werden Sie dann auch in den Genuß der Ernte kommen.

Wir füllen die Aussaatgefäße mit einer Mischung guter Gartenerde – 5 Teile Lehm, 2 Teile gesiebte Komposterde und 1 Teil Sand – und halten sie gleichmäßig feucht. Vor der Aussaat wird diese Erde mit einem Aufguß von Schachtelhalm abgebraust. Auch in das Gießwasser können Sie ab und zu etwas Schachtelhalm- oder Brennesseltee, noch wirksamer „Humofix“-Lösung“, mischen. Gesunde, kräftige Jungpflanzen werden den Erfolg dieser Maßnahmen anzeigen. Später, zu gegebener Zeit, werden diese jungen

Pflänzchen ins Frühbeet, oder auch nach langsamer Gewöhnung an die Luft gleich ins Freiland versetzt. Tomaten, Gurken, Blumenkohl, Sellerie und andere lassen sich auf diese Weise an einem warmen, hellen Ort gut vorziehen, was in Ermangelung einer Mistbeetanlage von großem Wert sein kann. Kresse, Petersilie, auch Schnittlauch können Sie so überdies den ganzen Winter ernten. Will man die zarten vitaminreichen Blättchen des Dills auch in der kalten Jahreszeit nicht entbehren, so kann er im Zimmer mit seinem spargelähnlichen Grün sogar als Zierpflanze gelten.

Vögel sind jetzt auf eine artgerechte Fütterung angewiesen.

FEBRUAR

FRÜHLINGSVORBOTE SCHNEEGLÖCKCHEN

Sobald die ersten zaghaften Sonnenstrahlen den Boden anwärmen, wagt sich das Schneeglöckchen hervor. Es hat seinen eigentlichen Standort im sommergrünen Laub- und Auenwald, verschwindet dort aber, wenn die Wälder künstlich gelichtet werden.

Im Garten wächst es am liebsten im Schatten. Wir stecken die Zwiebeln ungefähr fingertief, sobald wir sie zur Verfügung haben. Sie dürfen nicht lange gelagert werden. Behagt den Schneeglöckchen ihr Platz, so breiten sie sich aus, und mit den Jahren wird der ganze Garten zu ihrem Bereich. Auf Baumscheiben, zwischen Gehölzen, auf der Obstwiese, im Wildgarten oder an den Rändern der Gemüsebeete ist ihr Platz, wo sie gern gesellig, also immer in Gruppen, dicht gedrängt beieinander stehen. Gerade dadurch erleichtern sie den Bienen dann im März das Sammeln, denn diese müssen ja unzählige Blüten aufsuchen, bevor sie mit gefüllten Pollentaschen oder Nektarblasen in den Stock zurückfliegen können.

Mit dem Schneeglöckchen *(Galanthus nivalis)* verwandt ist der Märzenbecher *(Leucojum vernum)*. Er wird gelegentlich mit dem Schneeglöckchen ver-

An schönen Vorfrühlingstagen spreizen Schneeglöckchen ihre drei äußeren Blütenblätter ab.

wechselt, doch wie der Name schon andeutet, blüht er später, im März/April. Auch im Aussehen hebt er sich beim näheren Hinsehen vom Schneeglöckchen ab. Dessen glockenförmige Blüten hängen einzeln auf fingerlangen Stengeln. Bei schönem Wetter spreizen sie die drei weißen Blütenblätter, und man kann das aus den drei inneren Blättern zusammengewachsene, grün umrandete Glöckchen erkennen. Der Märzenbecher dagegen trägt an seinem Blütenschaft ein bis zwei glöckchenförmige Blüten, die jedoch keine einzelnen, sich abspreizenden Blütenblätter aufweisen.

Vom Schneeglöckchen soll nur die Zwiebel giftig sein, wogegen beim Märzenbecher besondere Vorsicht geboten ist, da er ein starkes Herzgift enthält.

DEN BODEN FÜR DAS FRÜHJAHR BEREITEN

Wenn das Wetter es zuläßt und der Boden nicht mehr gefroren sowie etwas abgetrocknet ist, kann das Gemüseland für das Säen und Pflanzen vorbereitet werden. Dabei sollten wir bedenken, daß fruchtbarer Boden immer auch lebendiger Boden ist. Die Milliardenheere der Bodenorganismen zu schützen und ihre Aktivität zu fördern ist eine der wichtigsten Maßnahmen im Biogarten. Aus

Mit der Grabgabel lassen sich auch schwere Böden schonend lockern.

diesem Grunde verzichten wir nun, wie auch im Herbst, auf das Umgraben, denn durch die Umlagerung der Erdschichten wird ein großer Teil der Mikrofauna und Mikroflora zum Absterben verurteilt. Umgraben ist nach einer winterlichen Bodenbedeckung auch gar nicht nötig.
War der Boden über Winter mit Mulch versorgt, so rechen wir jetzt die Stücke ab, die wir zuerst bearbeiten und einsäen wollen. Gegebenenfalls werden die tiefen Schichten noch mit einem Sauzahn aufgerissen und gelockert. Reicht dies bei schweren Böden nicht aus, empfiehlt sich der Einsatz einer Grabgabel. Diese wird in Abständen von 10 cm in den Boden getreten und mit ruckartigen Bewegungen vor- und zurückgedrückt. Die Krümelung der oberen Bodenschicht erfolgt dann wieder mit dem Krail oder Karst. Für Einsaaten muß der Boden feiner sein als für Pflanzgemüse, so daß wir dafür noch den altbewährten Rechen hinzunehmen.

FRUCHTBARER BODEN DURCH KRÄUTERKRAFT

Sobald das Land betreten werden kann, bespritzen oder begießen wir den Gartenboden, ob bestellt oder nicht, mit unverdünntem Schachtelhalm- und Rainfarntee. Dazu mischen wir Schachtelhalm- und Rainfarndroge im Verhältnis 2 : 1 und geben dann ca. 30 g der Mischung auf 1 Liter Wasser. Auch ein etwaiges Hügelbeet bekommt eine solche Teespritzung. Alte Brennesseljauche, die an einem frostfreien Platz überwintert wurde, verteilen wir gleichfalls aufs Land zur Verbesserung des Bodens, falls es noch nicht im Januar geschehen ist.
Schachtelhalm ist ein gutes Vorbeugungsmittel gegen Pilzkrankheiten und dient allgemein der Bodengesundung sowie Pflanzenstärkung. Die Mischung mit Rainfarn hat sich bewährt, da so auch die im Boden überwinternden Schädlinge getroffen werden. Obstbäume können Sie ebenfalls mit dieser Mischung besprühen; sie sollten bei Spritzungen mit Rainfarn noch unbelaubt sein.
Wir spritzen in der Regel nie bei Wind oder regnerischem Wetter, andererseits auch nicht bei voller Sonne – außer mit Schachtelhalm, der gerade bei Sonne seine optimale Wirkung entfaltet.

MIST- UND ANDERE VORZUCHTBEETE

Wer über die Aussaat im Zimmer hinaus die Möglichkeit hat (Zeit, Mittel, Platz!), seine Pflanzen selbst vorzuziehen, kann bei frostfreiem Wetter im Februar das Saatbeet bereiten. Biologisch vorgezogenes Pflanzgut sichert die Einheitlichkeit der Kultur. Bei der Vorzucht im Freiland helfen verschiedene Kästen die Sämlinge vor Kälte schützen. Um die Vorzuchtbeete bei Frostwetter bedecken zu können, müssen wir stets Stroh- bzw. Schilfmatten oder Säcke bereithalten.

Mist- oder Warmbeet

In windgeschützter Lage (Ost-West-Richtung) werden die Randkästen 40–60 cm tief eingesetzt. Auf den Boden können Sie zur Sicherung gegen Mäuse und Maulwürfe Maschendraht legen. Darüber kommt eine isolierende Laubschicht, auf die die Mistlage gepackt wird, je nach Wärmebedarf 25–50 cm hoch. Für diese Mistschicht eignet sich Pferde- oder Schafdung. Sie wird gleichmäßig und locker gepackt; dazwischen geschichtetes Laub hält die Wärme noch besser. Zur allgemeinen Erwärmung halten wir einige Tage die Fenster geschlossen. Danach wird der Kasteninhalt etwas fester getreten und die Pflanzerde etwa 20 cm hoch aufgeschichtet.

Als Pflanzerde eignet sich sehr gut verrotteter Pferde- oder Schafdung des vorjährigen Mistbeetes, der beim Ausräumen im Herbst mit Rasensoden, Quecke, angerottetem Laub usw. kompostiert wurde. Nach dem Durchsieben geben wir dieser Komposterde 1/5 Sand bei. Bevor die Mischung auf das Mistbeet gebracht wird, muß sie mit Brennessel- und Schachtelhalmtee zur Desinfektion überbraust werden. So kommen die Samen in ein gegen Schädlinge und Krankheiten schützendes Erdreich. Nachdem sich die Kastenfüllung „gesetzt“ hat, sollten etwa 10–15 cm unter dem niederen Kastenrand frei bleiben, damit die Pflanzen nicht durch die geschlossenen Fenster behindert werden. Läßt sich kein Tierdung beschaffen, so können Sie im fortgeschrittenen Frühjahr auch mit einer ca. 25 cm hohen **Grünpackung** ein Warmbeet anlegen. Verwenden Sie dafür das erste Rasen- oder Wiesengrün oder sonstige Grünabfälle; vermischen Sie dann alles gut mit anderen organischen Abfällen und packen Sie es gleichmäßig auf die bereits festgetretene Laubschicht.

Durch eine Mist- oder Grünpackung unter der Aussaaterde wird das Frühbeet zum Warmbeet.

Wir empfehlen, zur besseren Wärmeregulierung und -speicherung auch

Trockenlaub in die Grünschicht zu mengen. Decken Sie dann 20 cm Erde darüber, wie beim Mistbeet beschrieben.
Mit einer Packung aus Laub als Ersatz für Tierdung können Sie ein Halbwarmbeet erreichen. Wir sammeln das Laub im Herbst, lagern es über Winter, doch nie naß, damit es seine Wärmekraft behält. Wie Mist oder Grün packen wir es im Frühjahr fest in das Kastenbeet und decken die Pflanzerde darüber. Ein solches Halbwarmbeet behält die Temperatur länger als ein Grünbeet.

Saat- oder Handkästen

In Ermangelung einer Mistbeetanlage genügen auch einfache Handkästen zur Vorzucht, die man an einem warmen, hellen Ort aufstellt. Sobald die Frühjahrsfröste vorbei sind, können Sie diese Kästen bei gutem Wetter unter Glas ins Freie stellen und die Saat langsam an die Luft gewöhnen. Auch bei diesen Handkästen darf die oben angegebene Teespritzung nicht vergessen werden.

Wanderkästen und Folienbeete

Aussaatbeete im Freien lassen sich mit sogenannten „Wanderkästen“ abdecken, die Sie kaufen oder in Form eines Holzrahmens, über den Folie gezogen wird, selbst herstellen können. Für solche transportablen Kleintreibhäuser gibt es das ganze Jahr hindurch viele Verwendungszwecke: Im Frühjahr ermöglichen sie eine zeitigere Ernte, z. B. bei Salat und Radieschen; im Sommer bewahren sie die Bodenfeuchtigkeit, halten den Boden locker und das Unkraut zurück; im Herbst dienen sie unter anderem zur Nachreife von Tomaten.

Für die Vorzucht am Zimmerfenster oder im Gewächshaus sind Saatkästen eine praktische Hilfe.

GESUNDE ANZUCHTERDE AUS EIGENER HERSTELLUNG

Wer seinen Pflänzchen schon im frühesten Jugendstadium alle Voraussetzungen für ein gesundes Wachstum mitgeben will, kann seine Aussaat- und Pikiererde selbst herstellen. Bewährt hat sich eine Mischung im Verhältnis: 1 Teil Kompost – 3 Teile

Gartenerde – 1 Teil Sand. Der Sand kann teilweise oder ganz durch Gesteinsmehl ersetzt werden. In jedem Fall empfehlen wir, etwas Gesteinsmehl hinzuzufügen, weil damit eine desinfizierende Wirkung gegen pilzliche Krankheitserreger erreicht wird.
Überbrausen Sie außerdem die Saatkästen noch vor der Aussaat mit Schachtelhalmbrühe, das beugt ebenfalls Krankheiten vor. Nach der Aussaat geben wir etwas „Humofix" (ein Teelöffel der Lösung auf 1 Liter Wasser, wie in der Anleitung beschrieben) ins Gießwasser, um Keimung und Wachstum zu beschleunigen.
Der verwendete Kompost muß gut ausgereift sein, sonst können eventuell noch vorhandene Umsetzungsprodukte die zarten Pflänzchen schädigen. Um sicher zu gehen, daß der Kompost reif ist und keine Schadstoffe enthalten sind, sollten Sie den Kressetest durchführen. Füllen Sie dazu am besten reinen Kompost in eine flache Schale oder ein anderes Aussaatgefäß; möglich ist auch ein Blumentopf. Die vorgesehene Menge an Kressesamen wird nun in den Kompost hineingesät. Wenn die Samen Kontakt zur Aussaaterde haben, ist es nicht nötig, sie zu bedecken. Der Kompost muß feucht gehalten werden.
Die Samen sollten innerhalb von zwei bis drei Tagen gut und nahezu vollständig keimen; mit einem ganz geringen Prozentsatz nicht keimfähiger Samen müssen Sie jedoch rechnen. Zeigt die Kresse nach sieben Tagen noch gesundes Grün und weiße Wurzeln, können Sie den Kompost ohne Bedenken für die Mischung der Aussaaterde verwenden. Werden die Pflänzchen dagegen gelb oder verfärben sich die Wurzeln, so ist der Kompost noch nicht ausgereift.

Die schnell keimende Kresse eignet sich gut, um Kompost zu prüfen. Dichter Aufgang und anhaltend frisches Grün zeigen an, daß der Kompost reif ist.

AUSSAAT INS VORZUCHTBEET

Eine alte Bauernregel zum Thema Aussaat besagt:
„Säe und pflanze bei zunehmendem Monde, wenn der Sproß oder Teile des Sprosses verwendet werden sollen. – Säe und pflanze bei abnehmendem Monde, wenn die Wurzel oder Teile der Wurzel verwendet werden sollen."
Hier spricht eine alte Erfahrung! Wir raten, sie zumindest auszuprobieren.

Zu den frühesten Gaumenfreuden im Gartenjahr zählen knackige Radieschen, im Vorzuchtbeet gesät.

Vor dem Aussäen ins Vorzuchtbeet wird dessen Oberfläche fein geharkt. Wir teilen rechteckige Felder für die verschiedenen Saaten ab und markieren sie mit Holztäfelchen, auf denen der Name der betreffenden Gemüseart vermerkt ist. Die Samen werden gleichmäßig dünn ausgesät und festgedrückt, dann mit einer feinen Brause angegossen. Darauf überstreuen wir das ganze Beet mit fein gesiebter, sandiger Erde. Für keimende Saat darf, wie erwähnt, nur vollreifer Kompost verwendet werden. Vor jeder Aussaat, sowohl ins Vorzuchtbeet als auch ins Freiland, überbrausen wir den Boden kurz mit Schachtelhalmtee, um Pilzkrankheiten zu verhüten.

Vorziehen können Sie nun Frühsorten von Blumenkohl, z. B. 'Sperlings Gloria', 'Erfurter Zwerg'; Kohlrabi, weißer und blauer 'Roggli'; Weißkohl, z. B. 'Delfter Spitzkohl', 'Dithmarscher früher'; Rotkohl, z. B. 'Marner Früh-Rotkohl', 'Mohrenkopf'; Wirsing, z. B. 'Vorbote', 'Allerfrühester Hild'; außerdem Tomaten und Sellerie. Möchten Sie frühzeitig Salat und Radies ernten, können Sie diese bereits Anfang Februar ins Vorzuchtbeet säen.

In der zweiten Februarhälfte – ca. fünf bis sechs Wochen vor dem Auslegen – können Sie auch die Frühkartoffeln zum Vorkeimen aufsetzen. Man legt ausgelesene Kartoffeln mit dem Auge nach oben in Kästen, deren Boden zwei bis drei Finger hoch mit Komposterde bedeckt ist und stellt sie an einen 12–15 °C warmen, hellen und trockenen Ort. Am besten mischen Sie der Komposterde etwas Sand bei.

IM BLICKPUNKT: TOMATEN VORZIEHEN

Die biologische Aufzucht der Tomaten beginnt bei der Samenbehandlung. Als Beizmittel empfehlen wir Baldrianblütenextrakt, wie im Monatskapitel „Januar“ beim Thema Saatbäder beschrieben. Wir säen die Tomatensamen dünn in lockere, humose, mit etwas Sand gemischte

Erde, die vor der Aussaat mit Schachtelhalmtee überbraust wird. Aussaatkästen eignen sich am besten für die Vorkultur. Diese Kästen werden warm gestellt, eventuell ins warme Mistbeet; achten Sie auf gleichmäßige Feuchtigkeit und gute Belichtung.
Zeigt sich die Spitze des ersten Laubblattes, so können die Pflänzchen pikiert werden. Im Abstand von 5 x 5 cm setzen wir sie wiederum in Kästen oder gleich ins Warmbeet, und zwar so, daß sie bis an die Samenlappen mit Erde bedeckt sind. Sobald sich die Pflänzchen hochschieben, etwa Anfang April, erfolgt das zweite Pikieren. Vor jedem Verpflanzen wird die neue Erde, wie bereits vor der Aussaat, mit Schachtelhalmabsud besprengt. Zum Umpflanzen nehmen wir nur gedrungene, kräftige Pflanzen; hohe, dünnstielige Jungpflanzen entwickeln sich nie zu gesunden Tomatenstauden. Die ideale Temperatur für diese Vorzucht liegt bei 12 – 15 °C. Das Auspflanzen der Tomaten wird im Monatskapitel „Mai“ beschrieben.

SAATFLÄCHEN VORBEREITEN

Wenn nun der Boden offen und genügend abgetrocknet ist, wird auch das übrige Freiland für die Saat vorbereitet. Grundsätzlich raten wir, nie mehr Land zu bearbeiten, als an demselben Tag bestellt werden kann, damit es nicht unbedeckt daliegt. Zuviel Feuchtigkeit würde verdunsten, die für die Saat notwendig ist. Da wir Gemüsebau in Mischkultur und nicht in Kolonien betreiben, sind wir auf Beeteinteilung nicht angewiesen. Sie können die Saatrillen einfach über die ganze Anbaufläche ziehen; dies in 40 – 50 cm Abstand, je nachdem, wie es für die einzelnen Gemüsearten erforderlich ist. Beete sollten nicht breiter sein als 1,20 m, so daß von beiden Seiten bequem gearbeitet werden kann. Sowohl Beete wie Saatrillen liegen günstig quer zur Windrichtung, an Abhängen quer zur Senkung.
Vor dem Kultivieren des übrigen Landes mit Grubber, Karst, Ziehhacke oder ähnlichem Gerät streuen wir

Saatrillen, in 40 – 50 cm Abstand über das Gemüseland gezogen, ersparen die Beeteinteilung und erleichtern den Mischkulturanbau.

Kompost auf die zu bebauende Fläche. Wir geben ca. 2 1/2 Pfund auf 1 m^2 Gartenland. Diese Kompostiereinstreu kann durch Knochen- und Hornmehl bereichert werden, falls Sie solche Dünger nicht schon beim Kompostbau beigefügt haben, was immer vorzuziehen ist. Auch Algenmehl, einige Wochen vor der Aussaat ins Land gebracht, kann eine Verbesserung des Bodens bewirken. Die oberste Bodenschicht wird nun sauber und fein krümelig geharkt, das heißt saatfertig gemacht.

Wer zum ersten Mal Dicke Bohnen anbaut, ist oft überrascht von den hübschen Blüten, die dem Fruchtansatz vorausgehen.

ERSTE FREILANDSAATEN

An dieser Stelle möchten wir nochmals an die überlieferte Bauernregel erinnern, die bei der Aussaat ins Vorzuchtbeet genannt wurde. Selbstverständlich läßt sie sich auch für die Freilandsaaten anwenden und kann hier ebenso gute Erfolge zeitigen. Spinat, von dem wir Teile des Sprosses ernten, wäre demnach bei zunehmendem Mond zu säen. Die Sorte 'Wiremona, Neuzucht' eignet sich gut für Folgesaaten, da sie bei Frühjahrs- und Sommer- wie Herbstaussaat gedeiht. Da Spinat durch Beschattung und nachher durch seine Rückstände Boden wie Pflanzenwuchs fördert, können wir nach der von Frau Gertrud Franck erprobten Methode das ganze Gemüseland in 40 – 50 cm Reihenabstand besäen. In die Zwischenräume werden dann später die anderen Kulturen gesät oder gepflanzt. Nach Abernten des Spinats nutzen wir die Reihen als Trittwege zwischen den neu ausgesäten Gemüsen. Die Spinatabfälle dienen dabei als Bodenbedeckung.

Dicke Bohnen (Puffbohnen) sollten so früh wie möglich ausgesät werden. Sie sind im Anfangsstadium wärmeempfindlich, späte Aussaaten verlausen außerdem leicht. Wir legen je drei Bohnen in 15 – 20 cm Abstand. Dicke Bohnen stehen gut innerhalb der Spinatreihen. Auch Erbsen (siehe „März“)

sind eine ausgezeichnete Mischfrucht für Dicke Bohnen. Bohnen und Erbsen können Sie vor der Aussaat in feuchter Erde anquellen lassen.
Gegen Läusebefall schützt ein frühzeitiges Entspitzen, ferner Rhabarberblätterabsud. Sobald sie genügend angesetzt haben, gipfeln wir die Pflanzen zur Förderung der Fruchtbildung. Durch Anpflanzung von Kapuzinerkresse konnten wir nicht nur Obstbäume und Beerenobst, sondern auch Bohnenkulturen von Läusebefall frei halten. Es empfiehlt sich, die Kapuzinerkresse in Töpfen an einem frostfreien Platz vorzuziehen und nach dem 15. Mai zwischen die Bohnen auszupflanzen.

STAMMPFLEGE BEI OBSTBÄUMEN

Im Winter und zeitigen Frühjahr droht den Bäumen eine besondere Gefahr: Der Frost reißt oft tiefe Wunden in die Stämme. Diese Verletzungen entstehen nicht allein durch die Kälte, sondern der krasse Wechsel zwischen sonnigen Tagen und kalten Nächten wirkt sich gefährlich aus. In den Mittagsstunden erwärmt sich besonders an der Südseite die dunkle Rinde der Obstbäume schnell, die Zellen dehnen sich infolgedessen aus. Sobald in der Nacht der Frost einsetzt, ziehen sie sich wieder zusammen. Wenn dieses Wechselspiel zu schnell und zu heftig abläuft, sprengt es die Rinde. Je nach Art der Verletzung sprechen wir von Frostrissen (nur die Rindenschicht ist aufgerissen), Frostspalten (tiefe Spalten bis ins Holz hinein klaffen auseinander) oder Frostplatten (ganze Rindenplatten lösen sich vom Stamm).

Sonnenschutz für Baumstämme

Früher schützte man die Bäume vor solchen Schäden durch einen hellen Kalkanstrich, der die Sonnenstrahlen reflektiert und so Wärme abbremst. Auch heute ist der Kalkanstrich noch zu empfehlen, wenn die Witterung nach einer schnellen Hilfe verlangt.

Bevor der schützende Lehmanstrich aufgetragen wird, empfiehlt es sich, die Baumstämme mit einer kräftigen Bürste und Schachtelhalmbrühe gründlich zu reinigen.

Der jährlich im Herbst aufgebrachte Lehm-Kuhmist-Anstrich schützt ebenfalls durch die hellere Farbe, gleichzeitig ernährt und pflegt er die Rinde. Das Gewebe wird elastischer und hält größere Belastungen aus, ohne zu reißen. Für den herbstlichen Lehmanstrich rühren wir einfach Gartenlehm in verdünnter Schachtelhalmbrühe an, bis ein streichfähiger Brei entsteht. Kuhmist kann zugegeben werden, ist aber nicht nötig.
Wurde der Lehmanstrich im Herbst versäumt, können Sie größere Frostrisse in der ersten Not durch einfaches Umwickeln mit Sackleinen oder starkem Papier schützen. An frostfreien Tagen setzt dann die Lehmbehandlung ein, die zugleich Wundbehandlung sein kann. Pfirsich- und Aprikosenspaliere an sonnigen Hauswänden schützen wir mit Säcken oder Reisig vor Frost und Temperaturschwankungen.

Schädlinge: den Anfängen wehren

Bei der Stammpflege entfernen wir am Wurzelhals sorgfältig die Erde, um etwa dort überwinternde Blutläuse zugleich mitzutreffen. Schon heißes Wasser vernichtet sie, aber ebenso schnell erreichen Sie dies durch unverdünnten Farnkrautextrakt. War der Winter milder, so kann es vorkommen, daß die Blutläuse in der Krone oder am Stamm überwintert haben. Besonders nach einem warmen Regen wird sich das zeigen. Sie erkennen ihre Nester an den weißen, watteähnlichen Belägen

Wellpappestreifen, oben stramm und unten nur locker gebunden, machen Schädlingen den Aufstieg schwer.

(Wachsausscheidungen, die die Läuse vor Nässe und Kälte schützen). Drückt man darauf, entsteht ein dunkelroter Saft. Durch Spritzungen werden diese Läuse nicht erreicht, die Kolonien müssen wir mit Farnkraut oder auch mit heißem Wasser von 50 – 52 °C auspinseln.
Die Leimringe gegen Frostspanner, die vor der Stammreinigung abgenommen und verbrannt wurden, können wir nun durch Wellpappestreifen oder einfach gedrehte Strohbänder ersetzen, die die Insekten am Aufstieg hindern. Sie verkriechen sich darin und werden später mit den Bändern verbrannt, wenn sich nicht schon die Vögel ihren Teil geholt haben. Diese Fanggürtel müssen wir im Laufe der Zeit erneuern. Die Wellpappestreifen werden oben stramm, unten ganz locker, doch nie in der Mitte gebunden

und bleiben bis nach der Ernte am Stamm. Sie sollten 20 cm breit sein und so lang, daß sich ihre Enden 5 cm überdecken. Der gewellte Teil wird nach innen genommen. Bei Buschbäumen legen wir den Insektenstreifen nicht am Stamm an, sondern an den untersten Ästen.

MÄRZ UND APRIL

MÄRZ

FRÜHLINGSERWACHEN MIT ZARTEM FLOR

Bei all den wichtigen Gartenarbeiten, die im Frühjahr auf uns einstürmen, sollten wir das Wichtigste nicht vergessen: uns zu freuen an dem reichen Blütenflor, den uns der Garten zu dieser Jahreszeit schenkt. Die ersten zarten Blüten, die sich zwischen Schnee und Eis hervorwagen, sind uns als ersehnte Vorboten des Frühlings besonders lieb. Wahre Lebenskünstler sind sie, unsere Frühblüher. Ob Märzenbecher, Gänseblümchen, Krokus oder Leberblümchen, Huflattich, Blausternchen, Buschwindröschen oder Schlüsselblume, Veilchen oder Lerchensporn – sie alle verstehen es meisterhaft, die tollen Wetterlaunen der März- und Aprilwochen, in denen sich ihr kurzes Leben erfüllt, zu bestehen.

Sie alle sind Stauden, die von gespeicherten Vorräten des Vorjahres leben, denn der zum Teil noch gefrorene Boden gibt keine Nährstoffe her. Ihr niedriger Wuchs, das Sichducken und Anschmiegen an den Boden gewährt ihnen Windschutz, Haarpelze oder wächserne Überzüge bewahren die Stengel, Blüten und Blätter vor Nässe und Kälte. Sie alle haben die Fähigkeit, ihre Blüten, so vielgestaltig diese auch sind, bei Regen- und Schneeschauern und in frostigen Nächten fest zu verschließen. Tagelang können sie so unbeschadet im Flockenwirbel stehen oder unter einer Schneedecke liegen, um dann bei den ersten Sonnenstrahlen ihre Blüten zu entfalten.

Der Märzenbecher (Leucojum vernum) trägt seine Blütezeit bereits im Namen.

Und noch gegen eine andere Gefahr sind viele unserer lieblichen Frühlingsblumen gewappnet: nämlich gegen den Appetit von Hasen und anderem Wild auf frisches Grün. Dagegen schützen sie sich sehr wirkungsvoll – mit Gift. In ihnen sind die Wirkstoffe, die andere Blumen und Kräuter zu Heilpflanzen machen, so konzentriert enthalten, daß schon geringe Mengen davon schwere Schädigungen, sogar den Tod zur Folge haben können. Vielfach werden Auszüge ihrer Wirkstoffe medizinisch verwendet. Niemals darf man aus Giftpflanzen jedoch selbst irgendwelche Hausmittel herstellen!

ZWIEBELBLUMEN IM RASEN

Auf grünen Rasenflächen kommen viele Frühblüher erst richtig zur Geltung. Die meisten von Ihnen wachsen auch im Rasen gut, wenn wir eine Bedingung erfüllen: Bis zum Vergilben der Blätter darf nicht gemäht werden. Wer sich also am Anblick der abgeblühten, vertrocknenden Pflanzen im Rasen stört, sollte sie gar nicht erst dorthin pflanzen. Krokusse allerdings kümmern oft im Rasen, meist weil ihre Wurzeln in der harten Grasnarbe stark behindert werden. Um das zu vermeiden, können Sie ihnen einen besonderen „Wurzelschutz“ geben: Sie brauchen dafür nur Tonblumentöpfe mit 6 cm Durchmesser, aus denen Sie mit einem spitzen Hammer vorsichtig den Boden herausschlagen. Die Töpfe werden dann bis zum Rand in den Rasenboden eingegraben und die Blumenzwiebeln hineingesteckt. Die Wurzeln sind so gezwungen, zunächst senkrecht in den Boden zu wachsen und können sich dort unterhalb der flachen Graswurzeln ausbreiten.

Mit Hilfe eines unten offenen Tontopfes gelingt es den Krokuswurzeln, den Grasfilz zu „unterwandern“.

SCHUTZ VOR VOGELFRASS

Es ist schon ärgerlich, wenn Spatzen und Finken in den Saatbeeten ihr Unwesen treiben. Abhilfe schafft da oft schon dicht über die Flächen gelegtes dorniges Reisig. Bei Erdbeeren und Erbsen ist unserer Erfahrung nach nur durch Vogelnetze ein wirklich sicherer Schutz zu erreichen. Für kleinere Beete ist das Kreuz- und Querspannen von Zwirnfäden auf Holzstäbchen ebenfalls ein recht sicheres Abwehrmittel.

Amseln haben eine Vorliebe für gelbe Krokusse, die sie bald zerfleddern. Um die Krokusse zu schützen, streuen wir um sie herum eine Handvoll Tagetessamen. Diese dürfen nicht aus einem Samentütchen stammen, sondern müssen aus den abgewelkten, getrockneten Blütenköpfchen herausgerieben werden, so daß noch Reste der Blüten daran haften bleiben. Die Amseln machen sich dann über die noch

Tagetessamen für die Amseln und Reisig gegen Spatzen – so werden im Klostergarten Blumen und Frühsaaten geschützt.

stark duftenden Tagetessamen her und lassen die Krokusse in Ruhe. Auch bereitgestellte Schalen mit Trinkwasser haben schon geholfen, die Vögel von den Pflanzen abzuhalten. Die Klage, daß Vögel im Frühjahr Knospen der Bäume und Sträucher anpicken, wird aufhören, wenn man ihr um diese Zeit noch spärliches Futter ergänzt. Wollen wir uns gegen Spatzen im jungen Geäst unserer Bäume und Sträucher sichern, so schneiden wir Knoblauchzehen durch und hängen sie, an Fäden befestigt, an die Zweige. Der Geruch des Knoblauchs vertreibt die Spatzen.

„DREISAAT" GEGEN QUECKE UND HAHNENFUSS

Quecke und Hahnenfuß sind recht hartnäckige Wurzelunkräuter und bereiten manchem Gartenliebhaber Kummer. Mit Jäten und Bodenlockerung ist meist kein anhaltender Erfolg zu erzielen, da die Pflanzen aus kleinsten Wurzelresten wieder austreiben. Selbst Umgraben säubert die Beete nicht nachhaltig, denn auch in großen Tiefen ersticken die Wurzelkeime nicht, sondern kämpfen sich wieder bis zur Oberfläche durch.

Schöne Blüten, aber lästige Wurzeln: Kriechender Hahnenfuß

Dennoch gibt es ein probates Mittel. Wenn wir im Frühjahr, sobald es eben noch möglich ist, ein Gemisch von Hafer, Wicke und Erbsen zu gleichen Teilen aussäen, ergeben sich zweierlei Vorteile: Wir reichern den Boden mit Stickstoff an, und die sich recht schnell entwickelnden Pflanzen ersticken die Wurzeln der Unkräuter. Im Juni wird die Dreisaat abgeerntet. Der so vorbereitete Boden eignet sich sehr gut für das Auspflanzen vorgezogener Gemüsearten oder für späte Frühsommersaaten, z. B. Stangen- und Buschbohnen, späte Möhren, Rote Bete und andere.

Pflücksalat liefert schon etwa fünf Wochen nach der Aussaat zartes Grün für die Küche.

GROSSE SAATZEIT IM GEMÜSEGARTEN

Nach den im Monatskapitel „Februar" beschriebenen ersten Freilandsaaten erfolgt nun die zweite Aussaat; dies an milden Tagen, wenn das Land oberflächlich abgetrocknet ist.

- Für den Erfolg ist es wichtig, die Saattermine zu beachten und vor jeder Aussaat eine Schachtelhalmspritzung in den Boden zu geben.
- Allgemein gilt: So dick wie das Saatkorn ist, so hoch soll es mit Erde bedeckt sein.
- Grundsatz für alle Saaten: dünn aussäen. Wenn das bei kleinen Samen schwierig wird, so mischen wir fein gesiebten Sand darunter.

Frühe Märzsaaten

Am besten erfolgt alle 14 Tage eine Erbsenaussaat, damit man laufend frisch ernten kann. Wir beginnen mit Palerbsen, die wenig kälteempfindlich sind; dann kommen die Markerbsen, sie brauchen mehr Wärme. Nach Mitte Juni sollten Sie keine Erbsen mehr legen. Günstig ist ein Reihenwechsel mit Dicken Bohnen oder frühen Möhren (Karotten). Die früheste Karottensorte 'Pariser Markt' steht günstig mit der 'Kleinen Rheinländerin', mit 30 cm Höhe die niedrigste Erbsensorte. Wir legen drei bis fünf Erbsen in ca. 30 cm Abstand aus. Gegen Vogelschäden beugt ein zweistündiges Saatbad mit ausgekühltem Wermuttee vor. Wenn die Pflanzen ca. 10 – 12 cm hoch sind, häufeln wir sie an. Damit die jungen Erbsen später nicht auf dem Boden liegen, halten wir 50 cm hohen Maschendraht bereit. Wir befestigen ihn an kleinen Pfählen, die jeweils am Reihenende in den Boden gerammt werden. Zusammengerollt lassen sich diese Drahtstützen gut transportieren und aufbewahren.

Erfahrene Klostergärtner halten bald nach der Erbsenaussaat ein Drahtgerüst bereit, an dem sich die jungen Pflanzen hochranken können.

Möhren brauchen wie alle Wurzelgemüse lockeren, tiefgründigen Boden, wozu gute Kompostwirtschaft verhilft. Verwenden Sie jedoch keinesfalls Stallmist, höchstens vollständig ausgereiften, zu Erde gewordenen Mistkompost. Möhren haben eine lange Keimzeit, das Auflaufen dauert einen guten Monat. Wir säen sie deshalb zusammen mit Samen von Radieschen oder frühem Salat, die als schnell auflaufende Markiersaat die Reihen anzeigen. Die Radieschensorte 'Saxa-Treib' z. B. bleibt im Blatt klein und stört die Möhren nicht. Nicht zu dicht aussäen! Die Möhren werden sofort nach Entfaltung des dritten Blattes vereinzelt, und zwar bei Frühmöhren auf Daumenbreite, später drei Finger breit. Sehr empfehlenswert für Möhren sind Mischkulturen mit Zwiebeln oder Lauch, die im nächsten Kapitel beschrieben werden.

Mairüben wachsen am besten auf lehmhaltigem Boden. Wenn Sie vor allem auf die Rübenernte Wert legen, können Sie breitwürfig säen. Möchten Sie dagegen die vitaminreichen Blätter und die Stiele (Rübstiel oder Stielmus) gewinnen, empfiehlt sich dichtere Aussaat, was eine schwächere Entwicklung der Rübe zur Folge hat. Ernten Sie das Grün dann möglichst im jungen Zustand.

Rettiche säen wir vom März an in Folgesaaten für den Sommer und später auch für den Winter. Frühe Sorten: 'Ostergruß', 'Hilds Frühlingsgruß' und 'Neckarruhm'; ein bewährter Winterrettich ist 'Münchener Bier'.

Alle Kreuzblütler, wozu neben Kohl auch Mairübe, Rettich und Radieschen gehören, werden vom Erdfloh heimgesucht. Kopfsalat und Spinat halten diesen Schädling zurück. Deshalb säen oder pflanzen wir die genannten Gemüsearten immer in Mischkultur mit Salat oder Spinat. Sorgen Sie außerdem stets für genügend Feuchtigkeit, Trockenheit fördert den Erdfloh!

Alle Wurzelgemüse brauchen lockeren, tiefgründigen Boden, wozu gute Kompostwirtschaft verhilft.

Bei Schwarzwurzeln empfiehlt sich möglichst frühe Aussaat an einem frostfreien Tag. Geeignet ist mittelschweres bis sandiges Erdreich, wie bei Möhren ohne Stallmistzugabe. Wir legen den Samen in Rillen von 3–4 cm Tiefe im Reihenabstand von 25 cm und geben Radieschen als Markiersaat dazu. Mit gut ausgereiftem Kompost bedeckt, wird die Reihe festgedrückt oder angetreten. Wenn sich später die Pflänzchen zeigen, verziehen wir sie auf 5–7 cm Abstand. Salatreihen zwischen den Schwarzwurzeln sind günstig, weil sie Drahtwürmer ködern, die man dann abliest.

Salat können Sie ab März immer wieder als Zwischenkultur einsetzen. Neben Kopfsalat kommen auch Pflücksalatsorten wie 'Amerikanischer Brauner' und Schnittsalatsorten wie 'Hohlblättriger Butter' in Frage.

Spinat können Sie nun noch einmal als Zwischenreihe zu anderen Kulturen säen. Er deckt und bereichert den Boden für die Nachfrucht. Weil er Schatten verträgt, läßt er sich gut in Mischkultur mit höher wachsenden Pflanzen anbauen.

Wurzelpetersilie sollten Sie möglichst früh aussäen, bei Schnittpetersilie dagegen lassen sich noch bis Juli Folgesaaten durchführen. Für beide ist eine Markiersaat mit Radieschen sehr zu empfehlen, da sie langsam auflaufen. Zudem schützen sie die Radieschen vor Schädlingen. Petersilie hält auch Schnecken ab. Gehen die Sämlinge zu dicht auf, so können Sie laufend durch Verziehen Suppengrün ernten, bis die Pflanzen auf ca. 15 cm Abstand stehen.

Was beim Ausdünnen der Petersilie herausgezogen wird, findet als Suppengrün Verwendung.

Kresse kann fast zu jeder Zeit ausgesät werden und liefert uns so das ganze Jahr über vitaminreiche Salate. Im Winter gedeiht sie auch in Schalen oder Töpfen auf dem Fensterbrett.

Aussaaten in der zweiten Märzhälfte

Mangold steht günstig im Reihenwechsel zwischen Buschbohnen und Möhren und läßt sich bis in den Juli hinein säen. Große Ansprüche stellt er nicht. Legen Sie hauptsächlich Wert auf die Blätter, die wie Spinat verwendet werden, so genügt ein Reihenabstand von 30 cm. Wollen Sie dagegen vor allem die Stiele ernten, muß sowohl der Reihen- wie der Pflanzenabstand 50 cm betragen. Eine bewährte Blatt- und Stielmangoldsorte ist 'Lukullus', 'Glatter Silber' gilt als Stielmangold.
Frühen Kohlarten gesellen wir immer etwas Salat als Einsaat hinzu; nach dem Anwachsen müssen wir sie rechtzeitig vereinzeln und anhäufeln.
Schalotten werden jetzt ausgesät oder als Steckzwiebeln gesetzt, nur 10 cm auseinander. Belassen wir sie am Ort, säen sie sich selber aus und kommen jedes Jahr wieder. So liefern sie fortdauernd frisches Suppengrün.
Lauch (Porree), z. B. die frühe Sorte 'Fafner' oder die winterharte 'Elefant', wird am besten in Mischkultur mit Möhren gesät, wie im nächsten Abschnitt beschrieben. Kohlrabi und Erdbeeren sind ebenso passende Nachbarpflanzen, ab Mai dann auch Tomaten oder Sellerie.

ALTBEWÄHRTE MISCHKULTUR: ZWIEBELN UND MÖHREN

Der Geruch der Zwiebel hält die Möhrenfliege ab, umgekehrt der Geruch der Möhre die Zwiebelfliege. Deshalb ist es sehr empfehlenswert, Zwiebeln und Möhren in abwechselnden Reihen zu setzen. Lauch mit Möhren hat den gleichen Erfolg, doch

Seit alters bewährt: Zwiebeln und Möhren in Mischkultur

muß der Lauch etwas später gesät werden. Auch wenn Sie Möhren auf ein vorjähriges Lauch- oder Zwiebelbeet säen, werden sie erfahrungsgemäß von der Möhrenfliege gemieden. Die Abneigung des Schädlings gegen den Zwiebelgeruch nutzen wir zudem aus, indem wir Zwiebelschalen sammeln, mit Wasser übergießen und das Ganze ziehen oder gar verjauchen lassen. Diese Flüssigkeit gießen wir in das Saatbeet, sobald sich die Pflänzchen zeigen. Außerdem ist es ratsam, Möhren nur alle vier Jahre auf demselben Beet anzubauen, ferner darf man – wie bereits erwähnt – keinen Stallmist verwenden. Weiterhin können wir der Fliege, deren Flugzeit im Mai/Juni liegt, durch sehr frühe oder späte Aussaat aus dem Wege gehen: späteste Aussaat Ende April und dann erst wieder ab Ende Juni.

WENN DIE SAAT NICHT AUFGEHEN WILL

Woran liegt es, wenn sorgfältig ausgesäter Samen nicht aufgeht? Hat er seine Keimkraft verloren, oder gibt es noch andere Gründe? Zunächst müssen wir festhalten, daß falsch gelagertes, mehrere Jahre altes Saatgut einen großen Teil seiner Keimfähigkeit verloren hat. Auf die Notwendigkeit, übriggebliebenen Samen zu prüfen, wurde bereits im Monatskapitel „Januar" hingewiesen.

Doch es gibt auch noch andere Gründe für mangelndes Auflaufen der Saat; Samen von Kopfsalat benötigt zur Keimung niedrige Temperaturen, die im allgemeinen durch die nächtliche Abkühlung auf natürliche Weise gegeben sind. Sinkt die Temperatur nachts nicht ab, beispielsweise im Gewächshaus, kann sich dadurch das Auflaufen sehr verzögern. Die in den Samenkörnern enthaltenen keimhemmenden Stoffe können wir jedoch durch Vorkühlung abbauen, indem wir das Saatgut drei Tage lang bei 8 – 10 °C lagern oder es 48 Stunden, in ein feuchtes Tuch geschlagen, in den Kühlschrank legen (bei 3 – 4 °C). Danach wird der Same kurz angetrocknet und sofort ausgesät.

Auflaufschwierigkeiten bei Feldsalat und Möhren kommen oft daher, daß die Samen beider Gemüsearten zu frisch sind. Keimhemmende Stoffe im Saatkern müssen erst abgebaut werden. Auch dafür ist ein Vorkühlen hilfreich. Normales Verkaufssaatgut von Möhren und Feldsalat braucht ohnehin nur eine Keimfähigkeit von 65 % aufzuweisen, das heißt, von 100 ausgesäten Körnern brauchen nur 65 keimfähig zu sein. Dies bezieht sich jedoch auf Keimversuche unter günstigsten Voraussetzungen. Bei der Aussaat im Freiland ist die Auflaufrate in der Regel noch viel geringer, weil Temperatur und Feuchtigkeit nicht genau berechenbar sind. Auch können manche Samen zwar keimen, besitzen aber zu wenig Triebkraft, um durch die Erdschicht zu stoßen, wir müssen deshalb entsprechend mehr aussäen. Um Möhren zu gleichmäßigerem Auflaufen zu bringen, raten wir, etwas Dill unter die Möhrensamen zu mischen und diese zusammen auszusäen.

STECKEN UND PFLANZEN: ZWIEBELN, KNOBLAUCH UND MEERRETTICH

In der zweiten Märzhälfte kommen Zwiebeln als Zwischenreihen der Möhren in den Boden. Wir stecken sie in Abständen von 10 – 15 cm, möglichst fest und 3 – 4 cm tief, doch so, daß die Spitze noch sichtbar bleibt. Zur schnelleren Wurzelbildung legen

Ein eintägiges Wasserbad direkt vor der Pflanzung fördert das Anwachsen der Steckzwiebeln.

wir die Steckzwiebel etwa einen Tag vor der Auspflanzung ins Wasser (möglichst Regenwasser). Wir haben auf diese Weise nach dem Vorquellen bereits die richtige Größe vor uns, während sich die Zwiebel gern aus dem Erdreich hebt, wenn sie trocken gepflanzt wird und erst allmählich an Umfang zunimmt. Wo immer Zwiebel oder Lauch wachsen, bereiten sie ein gutes Erdreich für die Nachkultur vor und lockern den Gartenboden. Wollen Sie aber den Zwiebeln selbst etwas besonders Gutes erweisen, säen Sie etwas Kamille in ihre Reihen. Unerwünschter Ausbreitung der Kamille kommen Sie durch einen Schnitt bei Beginn ihrer Blüte zuvor.

Kamen die kleinen Knoblauchzehen nicht im Herbst in den Boden, so können sie ebenfalls jetzt gesteckt werden wie Zwiebeln und Schalotten. Wir bringen sie 3 – 4 cm tief in lockeres, unbeschattetes Erdreich, am besten auf ein vorjähriges Leguminosenstück, denn der Knoblauch liebt Stickstoff. Bodenbedeckung aus gutem Kompost mit einer Einstreu von Knochenmehl hält ihn geschützt und warm.

Für den Garten hat der Anbau von Knoblauch noch einen besonderen Wert. Der Knoblauchsaft tötet, wie Versuche kalifornischer Universitäten bewiesen haben, viele Schädlinge im Obst- und Gemüseanbau. So ist z. B. die Anpflanzung von Knoblauch unter Pfirsichbäumen eine wirksame Maßnahme gegen die Kräuselkrankheit. Kranke Blattgewächse, die man mit einer Knoblauchzehe einreibt, werden oft wieder gesund. Zudem kann Knoblauchgeruch die Wühlmäuse aus dem Garten vertreiben, wenn Sie die Zehen in Gemüse- und Blumenbeete oder an die Wurzeln der Obstbäume und -sträucher legen.

Wenn wir im Spätjahr die Meerrettichwurzeln ernten, können wir einige der dünnen Seitenwurzeln als „Fechser" für die Neupflanzung aufbewahren.

Meerrettich sollte in keinem Garten fehlen, nicht nur wegen seines hohen Vitamin-C-Gehaltes, sondern vor allem wegen seiner Abwehrkräfte gegen bakteriöse Kartoffelkrankheiten. Die sauber abgeriebenen, 30–40 cm langen Wurzelstangen, „Fechser" genannt, die wir über Winter in feuchtem Sand verwahrt hielten, werden im März im Winkel von etwa 30° schräg nach unten in kleine Erdhügel gesteckt; Abstand 20–40 cm. Für die Anpflanzung wählen wir die vier Ecken des vorgesehenen Kartoffelstückes. Die Wurzeltätigkeit des Meerrettichs wirkt im Boden günstig.

Meerrettich braucht humusreichen, sandigen Lehmboden. Er verwildert aber sehr schnell. Da ist es gut, im Juni/Juli seine Wurzel freizulegen und von neuen Austrieben zu reinigen. Den starken Blattwuchs können Sie sich im Garten zunutze machen, indem Sie die Blätter in kochendem Wasser brühen und den Absud über die Obstbäume ausspritzen; das hilft gegen die gefürchtete Monilia-Fruchtfäule des reifenden Obstes.

PIKIEREN IM VORZUCHTBEET

Die ersten Aussaaten im Vorzuchtbeet können nun pikiert werden. Dabei fahren wir vorsichtig unter die Pflanze, heben sie an, kürzen die langen Wurzeln und pflanzen sie mit weiterem Abstand in neue Schalen oder Töpfe. Beim Einpflanzen darf man die Wurzeln nicht knicken.

Zum Pikieren werden die Pflänzchen vorsichtig aus der Erde gehoben; dabei kann ein Pikierholz gute Dienste leisten.

Bei Feinstwurzeln, z. B. von Sellerie, ziehen wir mit einem Lineal einen Pikiergraben, in den die Pflanzen nebeneinander im Pikierabstand eingelegt und mit demselben Lineal in ganzen Reihen bedeckt und festgedrückt werden. Pikierabstand ist je nach Größe der Pflänzchen 3 – 5 cm.
Kommen die Pflanzen in veränderte klimatische Verhältnisse, dann müssen sie vor dem Pikieren durch zunehmendes Lüften der Vorzuchtbeete abgehärtet werden. Vereinzeln Sie am besten nur in den Morgen- und Abendstunden. Einmal werden pikiert: Frühsalat, Frühkohlarten, Sellerie; zweimaliges Pikieren empfiehlt sich bei Tomaten, Melonen und Eierfrüchten (Auberginen).

GUTE BODENPFLEGE TRÄGT FRÜCHTE

Sind alle Schnittarbeiten im Obstgarten beendet, dann setzt die Bodenpflege ein, die nicht über den März hinausgehen sollte. Grundsätzlich gilt: größte Schonung der in der Bodenoberschicht arbeitenden Saugwurzeln! Vorzeitiger Abwurf der Früchte und schlechte Fruchtentwicklung sind die Folge zu gründlicher Bodenarbeit. Darum raten wir: nie graben!
Bodenbedeckung erlaubt uns, nur mit Grubber, Karst, Krail oder Harke zu arbeiten. Die inzwischen verrottete Wintermulchschicht kann jetzt leicht eingeharkt, eine Bodenspritzung mit Baldrianblütensaft zur besseren Blüten- und Fruchtentwicklung gegeben werden.

Düngung im Obstgarten

Alle zwei Jahre sollten die Bäume gedüngt werden, am besten mit gut kompostiertem Stalldung, wobei eine Ausbringung im Herbst noch günstiger ist als im Frühjahr. Für Kernobst eignet sich Kuhmist, gemischt mit jeder Art von Geflügeldung, sehr gut; Steinobst verträgt auch eine Mischung mit Schweinemist. Jeder Stalldung muß jedoch im Vorjahr durch ein Kompostverfahren bereitet worden sein. Frischer Mist, geschweige denn Tierjauche, darf nie an das Obstgehölz gebracht werden! Bäume und Sträucher antworten darauf mit starkem Wuchs bei weichem Gewebe und zahlreichen dünnen Austrieben sowie einer großen Anfälligkeit für Krankheiten.
Wo eine Mistkompostdüngung nicht möglich ist, wird sie durch einen guten Pflanzenkompost mit einer Einstreu von Knochen- und Hornmehl ersetzt. Fügen Sie dem Kompost dann noch etwas Peru-Guano hinzu, einen käuflichen, nährstoff-, vor allem phosphorreichen Vogeldung, haben Sie das Beste für Ihre Bäume getan.
Ob mit oder ohne Stalldung gearbeitet wird: Wir empfehlen, stets eine feine Einmischung von Steinmehl einzubringen, vor allem bei sandigem Boden. Steinmehl erhöht die Qualität der Früchte. Sehr gut lassen sich auch

Für die harmonische, gesunde Entwicklung der Obstgehölze ist eine ausgewogene organische Düngung wichtig.

Holz- und Knochenasche bzw. -mehl als Dung verwenden, indem man sie dem Kompost beimischt. Gröbere Teile der Holzasche eignen sich für Steinobst. Wegen des Gehaltes an phosphorsaurem Kalk dienen Holzaschegaben zur Verbesserung des Bodens.

Bei der Düngung der Jungbäume müssen wir besonders vorsichtig sein. Vor der Blüten- und Fruchtreife sollten sie außer einer dünnen Mistkompostdecke überhaupt nichts bekommen. Ebenso wie zu starker Rückschnitt hat auch eine falsche Düngung bei Jungbäumen übermäßigen Austrieb zur Folge, dem dann plötzlich Saftstockung folgt, weil der Jungbaum noch nicht alles verarbeiten kann. So kommt er nie aus dem Anfangsstadium heraus, und eine wirkliche, nachhaltige Fruchtbarkeit wird nur verzögert.

Dort, wo unsere Obstbäume im Kleingarten Unterkulturen haben, genügt der Dung, der für das Gemüse eingebracht wird. Allerdings dürfen wir auch hier keinesfalls eine starke Bodenbearbeitung durchführen, um die hochliegenden Saugwurzeln der Obstgehölze nicht zu verletzen.

Mulch und Grüneinsaaten

Alle Komposte harken wir sofort ein und überziehen sie mit einer Mulchschicht. Humus muß immer bedeckt sein, um die Bakterien und anderen Kleinstlebewesen am Leben zu erhalten. Mit ihnen zusammen bearbeiten die Regenwürmer die Mulchdecke und den Boden unter den Obstbaumkronen. Sie bringen jede Art von Dung in feinst bereiteter Weise an die Saug-

Eine bunte, duftende Unterpflanzung mit Tagetes, Ringelblumen, Pfefferminze, Zitronenmelisse sollte bereits im Frühjahr vorbereitet werden.

wurzeln heran und verbessern ihn überdies durch ihre hochwertigen Exkremente. Eine gute Humusversorgung fördert darüber hinaus das Gleichmaß in der Wasserversorgung und gleicht jede Art von Extremen im Boden aus.

Nicht nur die Bodenbedeckung nützt dem Obstbau, sondern auch eine Grüneinsaat, wie sie im Monatskapitel „Mai“ beschrieben wird. Sie empfiehlt sich besonders dort, wo Wühlmäuse eine Bodendecke nicht möglich machen. Grüneinsaaten für Frühjahr und Sommer sind: Lupinen, Serradella, Sommerwicke und Senf; von Spätsommer bis Herbst: Winterwicke, Winterraps. All diese Einsaaten verbessern den Boden, machen ihn gesund und halten ihn lebendig. Gemulchte und durchwurzelte Böden schützen auch den Baum gegen Frost, weil die Bodentemperatur höher ist als bei unbedeckten Böden. Das macht sich vor allem während der Baumblüte bei Nachtfrösten bemerkbar.

Die Wurzeln der Wintereinsaaten – soweit sie nicht perennierend sind – arbeiten wir im Frühjahr mit Karst oder Krail ein; die Sommereinsaaten werden in der Blüte geschnitten, verfüttert oder als Mulch liegengelassen. Grünmasse sollten Sie am besten gar nicht oder nur ganz flach in den Boden einarbeiten. Bei Luftabschluß besteht die Gefahr, daß sich eine schlecht zersetzbare, saure Rohhumusschicht im Boden bildet, gerade bei lehmigen Böden. Rost- und Mehltaubefall an Bäumen und Sträuchern haben oft hierin ihren Grund.

Eine weitere Möglichkeit der „wurzelnden“ Bodenbedeckung stellen einige Sommerblumen sowie Kräuter dar. Wer sich die schädlingsabwehrende Wirkung von Kapuzinerkresse, Tagetes und Ringelblumen zunutze machen will, sollte spätestens jetzt Pflanzen vorziehen, um sie nach den Eisheiligen im Mai auf die Baumscheibe zu setzen. Kräuter können teils bereits im Frühjahr gepflanzt werden.

APRIL

NARZISSEN – ZUVERLÄSSIGE FRÜHJAHRSBLÜHER

Narzissen aller Arten und Formen gehören zu den beliebtesten und zuverlässigsten Frühlingsblühern. Wo immer wir sie pflanzen, können wir damit rechnen, daß aus den Zwiebeln die Blumen emporsteigen. Jahr um Jahr vermehren sie sich, bis die Qualität nachzulassen beginnt. Gräbt man dann die Zwiebeln aus, findet man meist doppelt so viele, wie gesetzt wurden, auf dem gleichen Raum. Beim erneuten Pflanzen geben wir ihnen dann wieder etwas mehr Platz. Die beste Zeit dafür ist der September, eventuell auch noch der Oktober. Von Vorteil ist, daß Mäuse nicht an den Zwiebeln fressen, weil sie giftig sind, ebenso die Blätter. Fast jeder Gartenboden ist geeignet, nur auf extrem trockenen oder extrem schweren Böden gedeihen die Pflanzen nicht recht. Wir legen die Zwiebeln, je nach Stärke, 10–15 cm tief, Zwergnarzissen nur 5–8 cm. Es gilt die Faustregel: Zwiebelhöhe mal 3 ergibt die Gesamttiefe des Loches.

Wer die Blumen in einem Beet zu steif findet, kann eine hübsche, aufgelockerte Anordnung erreichen, wenn er eine Handvoll Zwiebeln einfach ins Gras wirft und sie dort pflanzt, wohin

Zum Osterfest leuchten sie meist schon in voller Pracht: Narzissen künden vom endgültigen Einzug des Frühjahrs in die Gärten.

sie gerollt sind. Keine Sorge, wenn ihre Verteilung ungleichmäßig aussieht! Wenn sie im März zum Blühen kommen, wird es bestimmt richtig sein. Allerdings müssen Sie dann beim Rasenmähen Rücksicht auf das Laub nehmen. Die Blütenanlage für den Flor im nächsten Jahr wird ab Mitte Mai entwickelt und ist erst nach dem Absterben des Laubes fertig ausgebildet.

Von der gelben Osterglocke bis zur weißen 'Beersheba' gibt es unzählige

Sorten und Varietäten. Bei dieser Fülle ist es nicht immer leicht, die für den eigenen Garten passenden auszusuchen. Doch schon einige wenige Sorten, die nacheinander blühen, verfehlen ihre Wirkung nicht.

HACKEN ODER MULCHEN?

Sobald die Saat aufgelaufen ist, gehen wir mit einer Ziehhacke oder einem ähnlichen Gerät durch die Reihen. Wenn wir den Saaten wie Möhren, die eine längere Keimzeit brauchen, eine Markiersaat (Radieschen, Salat) gegeben haben, sind nun auch hier die Reihen gut zu erkennen. Zwischen den Reihen und um die Pflanzen herum bedecken wir den Boden möglichst bald mit halbverrottetem Kompost oder Pflanzenabfällen. Jedes Unkraut, solange es noch vor der Blüte steht, kann als Mulch dienen und dadurch das Bodenleben, von dem die Fruchtbarkeit abhängt, fördern.

Die Frage, ob Hacken oder Bodenbedeckung besser sei, wird immer wieder gestellt, doch sie ist im Grunde genommen unzutreffend, denn beides hat seine Berechtigung und Notwendigkeit. Der Nutzen der Bodenbedeckung steht für den Bio-Gärtner außer Frage. Sobald genügend geeignetes Material zur Verfügung steht, sollte soviel vom Gartenboden als möglich bedeckt werden. Im Frühjahr sind aber meist noch nicht genügend Gartenabfälle vorhanden. Beim unbedeckten Boden gilt dann noch immer die alte Gärtnerweisheit „gut gehackt ist halb gegossen“. Hier muß das Hacken das ersetzen, was später die Bodenbedeckung übernimmt. Verhärtete Erdkrume müssen wir zerkleinern und für den Regen oder das Gießwasser durchlässig machen, damit nichts von dem kostbaren Naß oberflächlich abfließt. Nach dem Regen und nach dem Gießen unterbricht das Hacken die feinen Kanäle, aus denen die Feuchtigkeit von unten nach oben steigt und verdunstet. Wohl vertrocknet die oberste Erdschicht nach dem Hacken schnell, kenntlich an ihrer helleren Farbe, aber darunter bleibt immer eine gewisse Feuchtigkeit erhalten. Ungehackte Beete trocknen bis in größere Tiefen aus und sind bald wieder auf Bewässerung angewiesen.

Bei bedecktem Boden wird später der Regen, auch starker Platzregen, durch die Mulchschicht verteilt und dringt gleichmäßig in den Boden ein. Ebenso schützt die Bodendecke vor allzu schneller Verdunstung und Austrocknung des Bodens.

Zu den weiteren Funktionen des Hackens gehört die Unkrautbekämpfung, die gerade im Frühjahr, wenn auch die Kulturpflanzen noch klein sind, von großer Wichtigkeit ist. Ausgehacktes Unkraut können wir ohne weiteres zwischen den Reihen liegen lassen, es bedeckt und beschattet den Boden vorteilhaft. Nach kurzer Zeit wird nichts mehr davon zu sehen sein.

Solange noch nicht genug Mulchmaterial zur Verfügung steht, müssen wir zwischen den Jungpflanzen regelmäßig hacken.

Die Angst, daß es nach einem Regen wieder anwächst, ist in den meisten Fällen unbegründet. Nur bei Gras kommt das öfter vor. Später im Jahr hilft dann wieder die Bodendecke, das Unkraut zu unterdrücken.
Auch bei der Bodenlockerung kann die Hacke sinnvoll eingesetzt werden, wobei auch hier wieder eine Bedeckung mit Mulch folgen sollte.

NEU- UND FOLGESAATEN IM GEMÜSEGARTEN

Möhren säen wir im April/Mai in Folgesätzen zum Einlagern für den Winter. Als Markiersaat geben wir etwas Mohn bei; dieser wird sehr dünn gesät, damit er die Hauptsaat nicht überwuchert. Im Juni fliegt die Möhrenfliege, im Mai die Zwiebelfliege, deshalb setzen wir die im Monatskapitel „März" empfohlene Mischkultur mit Zwiebeln und Lauch fort. Der von der ersten Aussaat zu dicht ste-

Folgesaaten in jeweils kleineren Mengen sorgen dafür, daß die Kohlrabi nicht holzig werden.

hende Lauch muß vereinzelt werden. Auch bei Roten Beten (Roten Rüben) sind Folgesaaten ratsam, jeweils in dreiwöchigem Abstand bis Mitte Juni. Denn um immer zarte Rüben ernten zu können, sollten Sie diese nicht dicker werden lassen als einen normalen Apfel. Die Sorte 'Rote Kugel' ist von besonderer Zartheit und im Wohlgeschmack unübertroffen. Zwischen Zwiebel- und Kohlrabireihen steht die Rote Bete günstig; sie fördern sich gegenseitig im Wachstum. Sie können auch entsprechende Abstände zwischen den Rüben belassen, um im Mai dann Bohnenkraut unter die Roten Bete zu pflanzen. Von Kohlrabi sollten Sie ebenfalls stets nur einen Teil aussäen, damit Sie immer frisch ernten können und die Knollen nicht hart und holzig werden. Die Folgesaaten kombinieren wir mit Spinat- und Salateinsaat oder säen sie als Zwischenreihen bei Tomaten und Lauch.

Folgesaaten von Rettich und Radieschen erhalten weiterhin stets eine Salateinsaat zum Schutz gegen Erdflöhe. Eine Reihe Kresse zwischen den Radieschen verbessert den Geschmack.

Für Kopfsalat empfehlen wir nun folgende Reihenfolge von Sorten: 'Maikönigin', 'Attraktion', später 'Trotzkopf'; wir säen möglichst immer zwischen alle frühen und späten Kohlsorten. Für Salat im allgemeinen gilt: Saat an Ort und Stelle ist immer dem Auspflanzen vorzuziehen. Der gesäte Salat treibt tiefe Wurzeln und schießt weniger schnell als der ausgepflanzte. Kopfsalat ist eine Köderpflanze für Engerlinge; darum setzen wir auch stets einige Pflanzen zwischen Erdbeeren und Himbeeren, die in besonderer Weise von den Maikäfern zur Eiablage aufgesucht werden. Finden Sie am frühen Morgen trauernde Salatpflanzen, so tun Sie gut daran, diese sofort herauszuziehen. Da Salatwurzeln eine große Anziehungskraft auf Engerlinge ausüben, lassen sich die Schädlinge dort leicht sammeln und vernichten.

Ende April/Anfang Mai müssen die Spätsorten von Weiß-, Rot- und Wirsingkohl gesät werden; immer mit einer Salateinsaat. Späte Weißkohlsorten: 'Dauer-Weißkohl Rundkopf Marne', 'Amager'. Erstere eignet sich zum Einschneiden für Sauerkraut, das man möglichst aus biologisch gezogenem Kohl bereiten sollte. Beide Sorten lassen sich gut überwintern. Rotkohlsorten: mittelfrüher 'Mohrenkopf', zum Einwintern 'Dauer-Rotkohl Marne'. Späte Wirsingsorten: 'Hammer', 'Winterfürst'. Beide Sorten für den Winter; 'Winterfürst' kann im Freiland bleiben, er hält bis zu – 12 °C gut aus.

Darstellung vom Frühlings-Adonisröschen in altem Buch

Schließlich können wir im April Kürbisse in Töpfen vorziehen, sofern wir nicht bis nach den Maifrösten warten wollen, um direkt ins Freiland zu säen. Dann ist auch der Zeitpunkt gekommen, um die jetzt vorgezogenen Pflanzen auszusetzen. Für die Vorkultur legen wir ein bis zwei Kürbiskerne pro Topf aus.

WÜRZIGE KRÄUTER FÜR EINEN GESUNDEN GARTEN

Duftende Pfefferminze sollte in keinem Garten fehlen. In lockeren, humusreichen Boden, der gut mit Kompost vorbereitet ist, werden die Ableger, sogenannte Stolonen, im Frühjahr 10 cm tief gelegt. Später liefern uns die Pflanzen dann ihre Ausläufer, die wir zu Salat, Kartoffeln, Tomaten und Obst setzen, um deren Wachstum und teils auch Geschmack zu verbessern. Pfefferminze selbst aber liebt eine Zwischenreihe von Brennesseln, die jung gepflückt wie Spinat als Gemüse verwendet werden können. Später lassen wir dann die Nesseln, vor der Blüte geschnitten, als Mulch liegen. Überall dort, wo Spinat oder Brennessel wächst und als Bodenbedeckung benutzt wird, wirkt sich das günstig auf den Boden und seine Fruchtbarkeit aus. Brennesselsamen können wir uns leicht am Wege beschaffen. Er geht aber erst auf, wenn man ihn sechs bis acht Wochen einweicht. Darum empfiehlt es sich, die Brennesseljauchetonne zu Hilfe zu nehmen. Besonders das Blattgemüse reagiert auf einen stark verdünnten Brennesselguß mit frischem Grün und starkem Wuchs.

Kaum ein Klostergarten verzichtet auf die Heilkraft der Pfefferminze. Die Stolonen (Ableger) kommen im Frühjahr in die Erde.

Die Frühjahrspflanzung von Comfrey (Beinwell) nehmen wir im März/April vor, um im Juni/Juli die ersten zarten Blätter als Gemüse nutzen zu können. Nun säen wir auch Gewürzkräuter aus, die später als Zwischen- oder Randgewächse dem Gemüse beigepflanzt werden, zum Schutze gegen Ungeziefer, zur Verbesserung des Geschmackes und des Bodens. Dazu zählen Baldrian, Borretsch, Dill, Estragon, Fenchel und Bohnenkraut. Zur Beschaffung des für den biologischen Gartenbau so nützlichen Baldrianblütenextraktes setzen wir zwischen Buschbohnen, Erbsen oder Frühkartoffeln ein paar Baldrianpflanzen in ca. 30 – 40 cm Abstand. Die Aussaat geschieht am besten in Saatkästen im März/April oder erst im Mai gleich ins Freiland. Der Baldriansamen ist Lichtkeimer, darf also nur leicht angedrückt und nicht mit Erde bedeckt werden. Kompostdüngung, Bodenbedeckung und Schachtelhalmbrühe bekommt er mit der jeweiligen Gemüseart, der er beigesellt ist. Da es aber bei unserer Kultur vor allem auf die Baldrianblüte ankommt, geben wir ihm zeitig eine Bodenspritzung mit stark verdünntem Baldrianblütenextrakt.

Borretsch und Dill können Sie jetzt direkt ins Freiland säen und später als junge Pflänzchen, falls sie zu dicht aufgehen, zwischen Gemüse und alle Salate vereinzeln. Auch Folgesaaten von Dill geben wir je nach Bedarf zu Salat, Rüben, Zwiebeln, Möhren und Spargel. Einmal gesät, kommen Borretsch und Dill jährlich wieder und be-

Die hübschen Blüten des Borretschs werden von den Bienen sehr geschätzt.

reichern den Garten auf verschiedene Art und Weise: Borretsch ist eine Bienenweide und dadurch den Obstbäumen nützlich; der starke Duft des Dills kräftigt das Aroma der Nachbarpflanzen und hält das Ungeziefer ab.
Estragon, auch als Essigkraut bekannt, verbessert den Geschmack vieler Speisen und wirkt schon im Wachstum günstig auf das Aroma der Nachbarpflanzen. Ableger der „deutschen aromareichen Sorte“ (Deutscher oder Französischer Estragon) pflanzen wir im März/April zwischen Buscherbsen und später zwischen die Gurken auf 40–50 cm Abstand. Fenchel, eine mehrjährige Staude, wird im April/Mai ins Freiland gesät als Zwischensaat von Salat und Gurken; nicht aber in die Nähe von Tomaten, Buschbohnen oder Kümmel, wo er wachstumshemmend wirkt. Bohnenkraut können Sie jetzt ins Vorzuchtbeet oder nach den Maifrösten direkt ins Freiland säen. Im Juni setzen wir die kleinen Pflänzchen in 20–30 cm Abstand zwischen niedrige Gemüse, wo sie nicht beschattet werden. Dort wirken sie durch ihren Duft günstig auf die Nachbarschaft, insbesondere auf alle Salate und auf Rote Bete. Es ist ratsam, immer nur kleine Mengen in Folgesaaten zu säen, damit man laufend frisches Kraut hat. Selbst im Winter kann eine Spätsaat in Blumentöpfen an kühlem, hellem Ort eine dauernde Ernte bringen.

Geeignete Nachbarn für das Bohnenkraut sind auch die namengebenden Bohnen.

JUNGPFLANZEN SETZEN

Im April können Sie schon die ersten vorgezogenen Jungpflanzen, vor allem von Frühkohlsorten, ins Freie setzen. Wir empfehlen, beim Versetzen folgende Punkte zu beachten, damit die Pflanzen erfolgreich an- und weiterwachsen:

- Nur bei feuchtem Boden arbeiten.
- Die Wurzelspitzen vor dem Setzen abkneifen; dann wird die Pflanze gezwungen, viele kleine Seitenwurzeln zu bilden.
- Zum Schutz vor Pilz- und Bakterienkrankheiten die Wurzeln in Lehmbrei, der mit Schachtelhalmtee angerührt wurde, eintauchen.

Vor dem Einsetzen der Jungpflanzen kürzt man die Wurzelspitzen ein.

- Ist Mischkultur vorgesehen, so müssen entsprechende Abstände eingehalten werden für eine eventuelle spätere Zwischenpflanzung.
- Nach dem Einpflanzen gut angießen.

Pflanzen Sie Kohlsetzlinge tief ins Erdreich, so daß der Blattansatz mit dem Boden abschließt. Bei Anbau von Kohl auf mehrreihigen Beeten pflanzen wir die Setzlinge nicht in parallelen Reihen, sondern im Verband, das heißt gegeneinander versetzt. Die Pflanzen dreier Nachbarreihen stehen dann nicht in einer Linie nebeneinander, sondern bilden ein Dreieck. So lassen sich die Reihen näher aneinanderrücken, ohne daß sich der Pflanzenabstand verringert. Nach dem Einpflanzen streuen wir etwas „Algomin" oder Basaltmehl um den Stengel. Das beugt vor gegen Kohlfliege und Kohlgallenrüßler, die ihre Eier am Wurzelhals ablegen. Auch das spätere Anhäufeln des Wurzelhalses schützt vor Schädlingen und fördert zudem die Wurzelbildung.

Gegen den Kohlweißling hilft später die Nachbarschaft von Tomatenpflanzen, die nach den Eisheiligen im Mai gesetzt werden. Das vorgesehene Tomatenstück teilen wir deshalb so ein, daß immer eine Reihe Frühkohl dazwischen stehen kann. Der frühe Rotkohl steht besonders günstig zwischen zwei Reihen Buschbohnen, die Ende April gelegt werden können, mit je fünf Bohnen in ca. 30 cm Abstand.

Auch vorgezogener Salat kann jetzt ins Freie gesetzt werden, sofern man nicht die Direktsaat bevorzugt, die robustere Pflanzen hervorbringt.

Mit dem Setzen von Tomaten müssen wir uns noch gedulden, etwa Anfang April erfolgt zunächst das zweite Pikieren. Am besten kommen die Pflanzen dann in Tontöpfe, weil wir sie später bei der Auspflanzung mit unversehrtem Wurzelballen daraus entnehmen können, wodurch das Anwachsen erleichtert wird. Noch länger, bis Ende Mai, sollten Sie mit dem Auspflanzen von Sellerie warten; ist er im Vorzuchtbeet zu groß geworden, wird er pikiert.

PFLANZSCHNÜRE MIT ABSTANDSKNOTEN

Dies ist ein Tip für alle, denen etwas an exakt bepflanzten Gartenbeeten liegt. Natürlich sollte man damit nicht zu genau sein, aber windschiefe Reihen und ungenaue Pflanzabstände können manchen Gartenfreund schon ärgern. Für gerade Reihen sorgt zwar die Pflanzschnur, doch bei den Pflanzabständen wird sich nicht jeder auf das Augenmaß verlassen können. Andererseits ist es lästig, immer Zollstock oder Maßband mitzunehmen.
Dem können Sie abhelfen, indem Sie in bestimmten Abständen Knötchen in die Schnur binden. Bewährt hat sich ein Abstand von 20 cm, weil man diese Entfernung häufig braucht. Auch 25 cm ist ein oft benötigter Pflanzabstand. Wer es ganz genau nehmen will, kann natürlich auch alle 10 cm einen Knoten anbringen und sich dann bei größeren Pflanzweiten nach jedem zweiten, dritten oder auch fünften Knoten richten. Begeben wir uns in „Mußestunden“ daran, eine solche Pflanzschnur herzustellen, ist zu beachten, daß sie natürlich ungeknotet ein gutes Stück länger sein muß als das Beet, über das sie später ausgespannt werden soll.

Pfiffige Idee: Mit Bedacht geknüpfte Knoten in der Pflanzschnur erleichtern das Einhalten der Abstände.

EIN KRAGEN GEGEN DIE KOHLFLIEGE

Wer hat sich nicht schon über die Maden der Kohlfliege geärgert, die in Wurzeln und Wurzelhals der Kohlgewächse eindringen und diese zum Kümmern und Absterben bringen? Für den kleinen Garten möchten wir folgenden Tip weitergeben: Ein „Kohlkragen“, um den Wurzelhals der Pflanzen gelegt, hindert die Fliege zwar nicht an der Eiablage, den Maden jedoch wird der Weg zu den Wurzeln versperrt.
Am besten nehmen Sie dazu ein Stück festen Karton, der nicht gleich beim ersten Regen aufweicht, und schneiden daraus etwa 15 cm große Quadrate. Diese werden bis zur Mitte eingeschnitten und so unter die Kohlpflanze geschoben, daß der Stengel ganz dicht

von der Pappe umschlossen ist und die Pappe unmittelbar dem Boden aufliegt. Es gibt übrigens schon fertige Kohlkragen zu kaufen. Wichtig ist es in jedem Fall, diesen Schutz bereits Mitte April, wenn es warm und sonnig ist, schon Anfang April, anzubringen, weil zu dieser Zeit die Kohlfliege aktiv ist.

Der Kohlkragen muß den Stengel dicht umschließen, um die Maden der Kohlfliege abzuhalten.

JETZT KARTOFFELN PFLANZEN

Erfahrungsgemäß liebt die Kartoffel sandiges, lockeres Erdreich; sie gewinnt dadurch an Geschmack und Haltbarkeit. Überdies ist es gut, vor dem Kartoffellegen immer etwas Holzasche in die Furche zu streuen. Auch Farn- oder Comfreyblätter, getrocknet und zerrieben (Comfrey nur angewelkt), kommen dem Kalibedürfnis der Kartoffel sehr entgegen, wenn sie gleichfalls in die Furche gestreut oder als Mulch zur Bodenbedeckung benutzt werden.

Frühkartoffeln müssen in der ersten Aprilwoche gelegt werden. Sie sind eine günstige Vorfrucht für die im Juli/August auszusäenden Wintersalate und -gemüse. Wir können die Kartoffelreihen je nach Platz und Bedarf mit 0,80 m oder 1,60 m Abstand anlegen. In die Zwischenreihen pflanzen wir Frühkohl mit ca. 40 cm Abstand, oder wir säen eine Reihe Buschbohnen dazwischen. Sehr gut wirkt sich eine Pfefferminzreihe auf den Geschmack der Kartoffeln aus. Im April/Mai oder auch im Herbst des Vorjahres wird die Pfefferminze auf das für die Kartoffeln vorgesehene Stück gepflanzt.

Gegen Mitte/Ende April, wenn sich der Boden genügend erwärmt hat, legen wir die Spätkartoffeln. Eine Meerrettichpflanzung an den Enden der Kartoffelreihen fördert durch ihre Wurzeltätigkeit die Gesundheit der Kartoffeln.

GELBE BLÜTEN GEGEN GELBE BLÄTTER

Bei Obstbäumen läßt sich Blattchlorose (Gelbsucht der Blätter), bedingt durch Eisenmangel, vollkommen heilen durch eine Anpflanzung von Löwenzahn unter den kranken Bäumen. Sie können um diese Zeit junge Pflanzen aus der Wiese ausgraben und sie auf die Baumscheiben setzen. Von alters her sind Blätter und Wurzel des Löwenzahns ausgezeichnete Heilmittel für Mensch und Tier. Es

braucht uns darum nicht zu wundern, wenn seine Wurzelnähe auch unseren Bäumen den nötigen Eisengehalt des Bodens aufschließt, der oft wegen Kalküberschuß für die Pflanzen nicht aufnehmbar ist.
Weiterhin empfiehlt sich eine Verbesserung der Bodenstruktur durch reichliche Kompostgaben. Kalkalgenmehl bzw. eisenhaltiges Gesteinsmehl, je nach Zustand des Bodens, wird direkt auf die Baumscheiben oder über den Kompost gegeben. Auch Brennesseljauche kann gegen Blattchlorose helfen. Ebenfalls sehr gute Erfolge wurden mit Baldrianblütenextrakt-Spritzung auf die Baumscheibe erzielt. Blattchlorose kann dreierlei Ursachen haben: zu nasser Boden, zu hoher Kalkgehalt und damit hoher pH-Wert (Säuregrad) oder zu niedriger Kalkgehalt und niedriger pH-Wert. Der günstige Bereich für den pH-Wert liegt zwischen 5 und 6, bei schweren Tonböden um pH 7. Mangelerscheinungen können aber auch auftreten, weil der Baum überaltert ist; in diesem Fall nehmen wir ihn besser heraus.
Auch wenn sich die Brennessel als „Unkraut" unter den Bäumen sehen läßt, lassen wir sie ruhig wachsen und sich vermehren. Wo Brennessel wächst, wird der Boden gesund. Vor der Blüte kann man sie schneiden und als Mulch liegen lassen, denn wo Brennesseln den Boden bedecken, halten sich auch Maikäfer fern.

Löwenzahn ist kein lästiges Obstwiesen-Unkraut. Im Gegenteil: Direkt unter die Bäume gepflanzt, kann er Blattvergilbung vorbeugen und sie sogar heilen.

MAI UND JUNI

MAI

ROBUSTE SCHÖNHEITEN: PFINGSTROSEN

Eine Rose ist sie zwar nicht, die Pfingstrose oder Päonie, aber ihre vollen roten, rosa oder weißen Blütenköpfe lassen gewisse Ähnlichkeiten mit Rosenblüten erkennen. Die alten Bauernpfingstrosen *(Paeonia officinalis)*, die schon seit Jahrhunderten in den Gärten gepflegt werden, blühen in günstigen Lagen jährlich zur Pfingstzeit. Die Edelpäonien *(Paeonia-Lactiflora-Hybriden)* blühen später, häufig in der Zeit um Fronleichnam herum, und tragen deshalb den Namen „Pfingstrosen" eigentlich zu Unrecht.

Staude mit altehrwürdiger Tradition: Seit Jahrhunderten schon ziert die Bauernpfingstrose Gärten.

Besonders die Bauernpfingstrosen zeichnen sich durch Robustheit und Dauerhaftigkeit aus. Darin kann es schwerlich eine andere Prachtstaude mit ihnen aufnehmen. Bei zusagendem Standort, das heißt vor allem sonnig und auf nährstoffreichem Boden, wachsen die Päonien zwei oder mehr Jahrzehnte an ein und derselben Stelle. So genügsam sie später sind, haben sie doch beim Pflanzen ihre Ansprüche. Wir setzen sie in ein Pflanzloch von 50 cm Tiefe, das mit bester Humuserde aufgefüllt wird. Über die Humusschicht geben wir etwas gute Gartenerde und setzen die Pflanze so ein, daß ihre Wurzeln flach liegen. Und dann will sie am liebsten in Ruhe gelassen werden. Bis zur ersten Blüte vergehen allerdings zwei Jahre, und erst vom dritten Standjahr an unterstützen wir das Wachstum mit Kompostgaben. Den Pflanzplatz sollten wir gut auswählen und von vornherein für lange Zeit reservieren, denn auf Versetzen oder Teilen reagieren Päonien äußerst empfindlich.

Die Blütezeit ist zwar kurz, aber die Üppigkeit, mit der die immer praller werdenden Knospen sich schließlich öffnen, entschädigt für die kurze Dauer des Flors. Zudem kann auch das gesunde Laub im Herbst eine schöne Färbung annehmen und den Garten schmücken. Wie so manche Gartenschönheit enthält auch die Pfingstrose Giftstoffe, besonders konzentriert in den Wurzeln und den Blüten.

OHNE BLÄTTER KEINE BLÜTEN

Die meisten Frühlingsblumenzwiebeln in unseren Gärten sind jetzt abgeblüht. Das Laub sieht nicht mehr gerade schön aus und wird aus falscher Ordnungsliebe oft viel zu früh entfernt.

Doch Blätter haben dann, wenn die Blütezeit vorüber ist, erst ihre eigentliche Aufgabe zu erfüllen. Jede Blumenzwiebel verbraucht sich mit der Blüte. Während im Frühjahr die Zwiebel ihre gespeicherten Nährstoffe in den Trieb, die Blätter und Blüten abgibt, sind nun die Blätter an der Reihe, ihrerseits wieder die Zwiebel zu versorgen. Sie können das, indem sie in den Laboratorien ihrer grünen Farbstoffträger, den Chloroplasten, mit Hilfe von Sonnenlicht und Kohlendioxid Traubenzucker aufbauen, diesen in Stärke umwandeln und in die Zwiebel transportieren. Die Blätter müssen also mindestens bis zum Vergilben an der Zwiebel bleiben, bis dahin entfernen wir nur die abgeblühten Blüten- oder Samenköpfe.

Krokusse und andere Blumenzwiebeln, die im Rasen stehen, werden bei den ersten zwei bis drei Rasenschnitten verschont. Später können Sie die verbleibenden Blätter nachschneiden. Außerdem raten wir, die Blumenzwiebeln alle zwei bis drei Jahre herauszunehmen und bis zum Herbst an einem trockenen, warmen Platz zu lagern.

Tulpen und anderen Frühblühern sollten wir noch einige Zeit nach dem Flor ihr Laub belassen, damit die Zwiebel genug Reservestoffe einlagern kann.

KOMPOSTIEREN NACH DER SCHNELLMETHODE

Im Laufe der Zeit sammelt sich allerlei an organischen Abfällen an: Kartoffelschalen und -keime, Gemüse- und Obstabfälle, Schalen von Äpfeln, Bananen und Zitrusfrüchten, verwelkte Blumensträuße, Kaffee- und Teesatz, zerkleinerte Eierschalen, Eierpappen, Wellkartonstückchen und manches mehr. All das wird nach und nach zu unserem Sammelhaufen im Garten, der auch bei Schnee und Regen gut erreichbar ist, gebracht. Schon vor Einbruch des Winters werden dort drei Eimer Gartenerde und ein kleiner Eimer Kalk bereitgestellt, damit wir jedesmal, wenn neue Küchenabfälle hinzukommen, etwas Erde und Kalk dazwischenstreuen können, um Fäulnis zu vermeiden.

Den Kompostgrundriß kann man durch Holzpflöcke markieren. Die etwa 20 cm hohen Schichten aus gemischten Abfällen werden jeweils mit Erde bestreut und mit dem Aktivator übersprüht.

Der erste Schnellkomposthaufen des Jahres wird im Mai gebaut, wenn zu diesen abgelagerten Abfällen eine mindestens ebenso große Menge an frischem Material hinzukommt: Unkraut und die Reste der winterlichen Bodenbedeckung, Hahnenfußpflanzen und leicht angetrockneter Rasenschnitt. Die kostbarste Zugabe sind mit der Sichel geschnittene, noch vor der Blüte stehende Brennesseln und saftige Löwenzahnrosetten. Das frische Material brauchen wir – mit Ausnahme der zähen Hahnenfußwurzeln – nicht zu zerkleinern.

Und dann beginnt der Kompostbau. Die Schnellkompostmethode unterscheidet sich von der herkömmlichen Art, Kompost zu bauen, durch die Anwendung eines Kräuterpulvers, das eine erstaunlich rasche Umsetzung der Gartenabfälle bewirkt. Dieses Kräuterpulver mit Namen „Humofix“ wurde bereits im Januar-Kapitel beim Thema Saatbäder vorgestellt. Die Engländerin Maye E. Bruce erprobte in langen, mühsamen Versuchen Rezeptur und Anwendungsweise dieses Präparates. Bereits 1950 konnten im Klostergarten der Abtei Fulda die ersten Erfolge mit dem Kräuterpulver erzielt werden. Ein reger Briefwechsel mit der Erfinderin Miss Bruce führte dazu, daß das Pulver seit 1953 nach dem Originalrezept in der Abtei Fulda hergestellt und hier auch unter dem geschützten Namen „Humofix“ vertrieben wird.

Zur Aktivierung eines Komposthaufens von 2 m^3 setzt man ein 1,2-g-Tütchen „Humofix“ in $1/2$ Liter Regenwasser an, schüttelt gut durch und läßt die Flüssigkeit in einer geschlossenen Flasche 24 Stunden stehen. Dann kann sie als Aktivator zum Impfen des Komposthaufens verwendet werden. Nachdem wir den Grundriß (2 x 1m) mit etwas fein gestreutem Kalk angedeutet oder mit Pflöcken abgesteckt haben, lockern wir den Boden durch Einstechen mit der Grabgabel und leichtes Anheben der Scholle. Nun können die Schichten aufgetragen werden. Jede etwa 20 cm hohe Schicht wird mit Erde überstreut, die wir von einem noch unbestellten Gartenstück holen und dann fein mit „Humofix“-Lösung übersprühen; Kalk fügen wir nicht hinzu, da er schon im Sammelhaufen enthalten ist.

Von der dritten Lage an verjüngt sich der Hügel nach oben hin, und schließlich formen wir mit der letzten Schicht eine Art Dachgiebel und überstreuen das ganze Gebilde dick mit Erde. Zum Schluß decken wir den Haufen mit alten Säcken ab, Unkraut und Hahnenfußwurzeln sollen nämlich durch die Hitze ihre Lebenskraft verlieren. Schon nach 24 Stunden können wir, z. B. mit einem alten Einmachthermometer, 70 °C messen.

Drei Tage nach dem Aufsetzen werden die Wärmehüllen abgenommen. Mit einer zugespitzten Stange bohren wir dann Löcher in den heißen Kompost hinein. Der Dampf steigt sichtbar aus ihnen auf, und frische, sauerstoffreiche Luft kann mitten in den Hügel hineinströmen.

Schon nach vier Wochen können wir staunend feststellen, daß daraus dunkler, bröckeliger, nach Walderde duftender Humus geworden ist. Gewiß sind noch einige härtere Stengel dazwischen, mit denen aber die Regenwürmer auch nach dem Aufbringen des Humus auf das Land fertig werden.

RASENSCHNITT ALS MULCH- UND KOMPOSTMATERIAL

Im Mai fällt in den meisten Gärten besonders viel Rasenschnitt an. Wer den Rasen an einem sonnigen Tag mäht und das Schnittgut tagsüber trocknen läßt, gewinnt wertvolles Mulchmaterial für Bäume, Sträucher, Himbeeren und den Gemüsegarten. Feuchten Mulch sollten Sie allerdings nicht ausbringen, vor allem nicht zu dicht an die Gemüsereihen. Auch dürfen die Schichten nicht zu hoch sein, sonst pappt es nach einem Regen zusammen, fault und zieht Ungeziefer an.

Größere Mengen Rasenschnitt werden deshalb besser kompostiert. Bauen Sie das Material entweder locker in den Komposthaufen aus gemischten Garten- und Küchenabfällen ein und bestäuben Sie es mit Steinmehl, oder setzen Sie einen Spezialkomposthaufen auf.

Rasenschnitt in größeren Mengen darf nie ganz frisch kompostiert werden. Es entsteht sonst eine puddingartige, übelriechende, grüne Masse, die mangels Luftzufuhr in Fäulnis übergeht. Um das zu vermeiden, breiten wir Rasenschnitt zunächst auf dem Boden aus, damit er etwas anwelkt. Dann wird er mit Komposterde oder einfacher Gartenerde vermischt im Verhältnis 3:1. Es muß also erheblich mehr Erde

Rasenschnitt dient zum Mulchen.

hinzugegeben werden als bei normalem Mischkompost. Küchenabfälle, die gerade vorhanden sind, sollten auf jeden Fall mit eingebaut werden.
Die Mischung setzen wir schichtweise auf, streuen jeweils etwas Gesteinsmehl und Kalk ein und aktivieren mit „Humofix“. Zur besseren Durchlüftung hat es sich bewährt, zerkleinertes Reisig einzubauen. Dieses verrottet zwar nicht so schnell wie der Rasenschnitt, läßt sich aber später leicht aussieben. Reisig und Strauchschnitt enthalten zudem viel Kohlenstoff (C) und wenig Stickstoff (N); dadurch wird das C/N-Verhältnis im stickstoffreichen Grasschnittkompost günstig verschoben. Dasselbe bewirken zerkleinerte Pappe, vor allem Eierpappe, und zerknülltes Zeitungspapier, die auch Feuchtigkeit recht gut ausgleichen. Sie können deshalb den einzelnen Schichten in kleinen Mengen zugefügt werden. Gut durchlüfteter Rasenschnittkompost wird sehr heiß, verrottet sehr schnell und ergibt einen wertvollen Humus, der als Dünger zu Starkzehrern und Blumen eingesetzt werden kann.

WAS TUN GEGEN WÜHLMÄUSE?

Die Wühlmause bedrohen bereits die jungen Saaten, und bis in den Herbst hinein treiben sie ihr Zerstörungswerk. Werden sie zur Plage, müssen wir dringend Abhilfe schaffen.

Den Garten „ungastlich“ machen

Zunächst bieten sich einige Mittel und Methoden zur Vergrämung der unliebsamen Gäste an. So vertreibt etwa der Wurzelgeruch der Kaiserkrone die Wühlmäuse, dasselbe bewirkt die kleinkronige Narzisse ‘La Riante’. Einzelne Pflanzen genügen nicht, es bedarf größerer Mengen, um ein Gartenstück von Mäusen freizuhalten. Auch das Pfeifen des Windes in leeren Flaschen, die man um die Beete herum mit dem Hals nach oben in die Erde steckt, macht die Nager scheu. Die Flaschenöffnung muß mit dem Boden abschließen. Als noch besseres Vergrämungsmittel hat sich die Anpflanzung von Knoblauch erwiesen bzw. das Stecken von Knoblauchzehen zwischen gefährdete Gemüsepflanzen, vor allem Wurzelgemüse, sowie um die Baumscheiben von Obstbäumen. Weiterhin werden als erfolgreiche Abschreckungsmittel Sonnenblumen im Wechsel mit Stechapfel als Gartenumrandung empfohlen. Stechapfel *(Datura stramonium,* ein giftiges Nachtschattengewächs) kann auch zwischen die Kulturen verstreut eingesät werden. Da sich die Pflanzen schnell vermehren, müssen Sie nach einigen Jahren die stachligen Fruchtkapseln („Äpfel“) vor der Samenreife entfernen, damit die Nachtschattengewächse nicht überhandnehmen. Auch die Jauche von Holunderblättern, die in einem Faß angesetzt wurde, ist ein gutes Abwehrmittel. Wir gießen sie direkt in die Mäusegänge. Diese verlaufen verhältnismäßig flach unter der Erde und sind gut zu finden.

Zum Abhalten von schädlichen Nagern ist überdies eine Schutzhecke um den Garten sehr zu empfehlen; sie bietet den natürlichen Mäusefeinden, wie etwa Igel, Wiesel und Dachs, Unterschlupf. Bei Gärten am Waldrand kommen Eulen und Käuzchen als Helfer hinzu: Eine einzige Waldeule vertilgt im Jahr jährlich an die 700 bis 1000 Mäuse.

Die Kaiserkrone kann durch ihren Wurzelgeruch Wühlmäuse vertreiben.

Härtere „Geschütze“ gegen Wühlmäuse

Tödlich wirkt der Samen der *Euphorbia lathyris*, einer Wolfsmilchart. Die rötlichen Samenkörner springen im zweiten Jahr nach der Aussaat aus den reifen Kapseln und müssen deshalb kurz vor dem Aufplatzen der Samenhülle gesammelt werden, sonst finden wir sie auf dem Boden schwerlich wieder. Ob es soweit ist, probiert man, indem man die Kapsel leicht anzieht; tritt Milch aus dem Stengel, so ist der Samen noch nicht reif. (Achtung, hinterher gründlich die Hände waschen!) Das Einschrumpfen der Samenhülle zeigt die Nähe der Reife an. Die Samen legen wir in den Mäusegängen aus.

Gleichfalls tödlich wirkt das Kraut der Hundszunge, *Cynoglossum officinale.* Wir stecken dieses Kraut ebenfalls in die Gänge. Nach gründlicher Betäubung verenden die Tiere. Die Hundszunge ist als Wildpflanze an Weg- und Ackerrändern, in trockenen Viehweiden oder an steinigen Plätzen zu finden. Sie blüht im Mai/Juni, ihre trichterförmigen, anfangs dunkelvioletten, später trüb braunroten Blüten stehen in Rispen. Die ganze Pflanze riecht unangenehm nach Mäusen. Etwas abseits im Garten können Sie dieses dem Borretsch ähnliche Gewächs auch für etwaigen Bedarf zur Wühlmausbekämpfung anbauen.

Ungebetener Gast: die Wühlmaus, hier in Gestalt der Kleinen Wühlmaus, auch Erdmaus genannt

Wer gegen Wühlmäuse Fallen stellt, muß vor dem Richten der Falle die Hände gründlich mit Erde abreiben; die Witterung der Menschenhände hält die Mäuse von den Fallen fern. Da die Wühlmäuse in kalten Jahreszeiten gern die Komposthaufen aufsuchen und dort auch überwintern, raten wir, Fallen am Rande des Komposthaufens aufzustellen.

SCHACHTELHALM – STÄRKEND UND SCHÜTZEND

Der Mai ist – neben der bereits erwähnten Vorfrühlingsspritzung – die beste Zeit, um Schachtelhalm (*Equisetum arvense*) vorbeugend gegen Pilzkrankheiten einzusetzen. Der Behandlung des Bodens und der Pflanzen mit Schachtelhalmbrühe wird immer noch viel zu wenig Aufmerksamkeit geschenkt. Warten Sie nicht, bis ein Belag sichtbar ist, obwohl ein mehrmaliges Spritzen damit auch in diesem Stadium noch erstaunlich wirkt und die weitere Ausbreitung stoppt. Schachtelhalmbrühe tötet die Pilzsporen nicht ab wie ein giftiges Spritzmittel, sondern festigt durch die der Pflanze eigene Kieselsäure das Zellgewebe. Pilzbefall setzt bekanntlich dort an, wo es Angriffsmöglichkeiten für Sporen gibt. Sind die Zellen jedoch intakt und die Zellwände durch Kieselsäureeinlagerungen gehärtet, so bietet dies natürlichen Schutz vor Pilz-

Schachtelhalm: eine urtümlich wirkende Pflanze, die anderen Gewächsen Widerstandskräfte verleiht

infektionen. Auch tierische Schädlinge wie Blattläuse und Raupen richten weniger Schaden an Pflanzen mit harten Zellwänden an. So hat man festgestellt, daß nach kurzer Zeit die Freßwerkzeuge von Raupen und Käfern stumpf wurden durch Reibung an der eingelagerten Kieselsäure. Auch Blattläuse haben bei harten Zellwänden sehr viel mehr Mühe, mit ihrem Saugrüssel zum Saftstrom durchzustoßen.

Zur Kräftigung und Härtung der Pflanzen ist es erforderlich, nicht nur befallene Teile wie Blüten, Blätter oder Früchte zu behandeln, sondern einen Großteil der Brühe über die Wurzel zu geben, also direkt zu gießen. Wer das regelmäßig tut, wird kaum mit Pilzkrankheiten zu rechnen haben. Wir nehmen 100 g Droge auf 5 Liter Wasser, lassen das Ganze über 24 Stunden stehen und anschließend mindestens 30 Minuten kochen, damit die Kieselsäure herausgelöst wird.

SAATZEIT FÜR ALLERLEI BOHNEN

Während wir die im zeitigen Frühjahr gesäten Dicken Bohnen ab Ende Mai schon ernten können, kommen ihre wärmebedürftigen Verwandten erst Mitte des Monats in den Boden. Zuvor wird das Gartenstück mit Schachtelhalmtee überbraust. Auf die Bohnen selbst hat ein Saatbad mit Kamillentee gute Wirkung.

Buschbohnen legen wir in Horsten von vier bis sechs Samenkörnern aus. Bei einer Einsaat zwischen Selleriepflanzen jedoch, die sich äußerst günstig auf den Sellerie auswirkt, legen wir besser nur zwei Bohnen. Buschbohnen sind außerdem als Zwischenreihen für Starkzehrer überaus nützlich: In Abständen von ca. 60 cm sät man sie zwischen Kohlgemüse und Frühkartoffeln, zwischen Gurken und Tomaten. Vorteilhaft stehen sie auch längs der Himbeerreihe, deren Aufhügelung der Bohne äußerst gut bekommt. Die Buschbohnensorte 'Saxa' hat eine recht kurze Entwicklungszeit, was eine Spätaussaat auch im Juli noch möglich macht. Als Wachsbohne empfeh-

Reiche Bohnenernten wollen gut gestützt sein.

len wir 'Gabriella' wegen ihrer Widerstandsfähigkeit gegen Brennflecken. Stangenbohnen sind etwas kälteempfindlicher als Buschbohnen. Sie können sie über den Juni hinaus noch legen, frühe Sorten wie 'Perle von Marbach' jedoch nicht mehr nach dem 1. Juli. Aus der Vielzahl an Sorten sei hier noch 'Weiße Riesen' (Erecta) genannt, die wenig empfindlich gegen Kälte und Wind ist. Gern angebaut werden auch die gelbhülsigen Wachsbohnen wie 'Wachs Goldkrone' oder die besonders zarte 'Wachs Goldstrahl'.

Die Stützen sollten Sie vor dem Auslegen der Bohnen einrammen. Sie müssen unbedingt tief genug im Boden sitzen, damit sie bei schwerem Behang nicht umfallen. Wir raten, Stahldrahtstangen zu nehmen, denn bei Holzstangen wäre ein Schutzanstrich mit Karbolineum nötig, was für den biologischen Anbau nicht förderlich ist. Anders als mit der Zeit schadhaft werdendes Holz bieten Stahldrahtstangen zudem keine Unterschlupfmöglichkeit für tierische Schädlinge, auch die Infektionsgefahr durch Krankheiten ist bedeutend geringer. Weiterhin wird das Pflücken der Bohnen wesentlich erleichtert: Wir beugen die Stahldrahtstangen zu uns herunter und können so bequem die oberen Früchte ernten.

Die Bohnenstangen stecken wir, je nach Platzbedarf der Zwischenkulturen, mit Reihenabstand von 1,20 m und mehr, innerhalb der Reihen in 0,60 – 0,80 m Entfernung, und zwar senkrecht. Die Bohnen wachsen gesünder auf, wenn sie sich nicht gegenseitig berühren, Licht und Luft ungehindert hindurch können. Um jede Stange ziehen wir eine 3 – 5 cm tiefe Rille, legen sechs bis acht Bohnen hinein und decken sie mit ca. 2 cm Erde zu. Längs der Bohnenreihe säen wir Spinat oder Salat. Eine besonders gute Unterkultur für Stangenbohnen ist Sellerie, der im Mai/Juni ausgepflanzt wird. Der Boden bleibt so immer bedeckt, und nach der Bohnenernte gedeiht der Sellerie noch vortrefflich.

Zuerst kommen die Stangen in die Erde, dann werden ringsum jeweils sechs bis acht Bohnen ausgelegt und abgedeckt.

GUTE NACHBARN: BOHNEN UND GURKEN

Die Gurken gedeihen im Windschutz der Stangenbohnen sehr gut. Wir legen sie in der zweiten Maihälfte, jedoch nicht über den 25. Mai hinaus, sonst ist das Ausreifen fraglich. Gurken wollen warme, wassergesättigte Luft, keinesfalls aber Luftbewegung. Ideal ist der Zwischenraum inmitten zweier Bohnenreihen, die 2 m oder auch 4 m auseinander stehen. Sie dürfen die Gurken allerdings nicht beschatten. Auch zwischen Hocherbsen wachsen Gurken unter den genannten Bedingungen gut. Unter den Markerbsen eignen sich für diese Mischkultur die Sorten 'Senator' und 'Siegerin', von den Zuckererbsen 'Graue Buntblühende' und vor allem 'Schweizer Riesen', 1,40 m hoch. Eine Reihe Buschbohnen zwischen den Gurken hilft, die Bedürfnisse der Starkzehrer zu befriedigen. In der Frucht- oder Kulturfolge ist für die Gurken ein abgeerntetes Leguminosenstück hervorragend geeignet.

Gurken verlangen warmes Erdreich. Darum legen wir sie bei nassem, kaltem Boden am günstigsten auf kleine Mistkomposthügel oder ziehen Wälle aus Erde und Mistkompost, möglichst von Pferdedung, über eine ganze Pflanzreihe hin. Ist der Boden dagegen sandig und trocken, pflanzen wir besser in Saatrillen oder kleine Erdvertiefungen, die mit Mistkompost gefüllt werden. Hängegurken können Sie auch im Freiland anbauen, wodurch gegenüber den am Boden rankenden Gurken viel Platz gespart wird. Für das Hochziehen an einem Spalier eignen sich besonders gut die Sorten 'Delikateß' und 'Chinesische Schlangen'. An Drahtspalieren legen wir Erdwälle aus Mistkompost mit 20 cm Erdbedeckung an. Bei der Anpflanzung

Für Hängegurken reichen quergespannte Drähte an einfachen Gerüsten, die jedoch stabil sein müssen. Die Pfosten werden möglichst tief in die Erde getrieben und ragen 2–2,5 m hoch.

wechseln wir jährlich die Seiten, da Gurken nicht immer auf demselben Platz wachsen wollen. Auch dieser Boden wird durch Schachtelhalmspritzung vorbereitet. Längs der Gurkenwälle pflanzen wir Buschbohnen, Blumenkohl, Salat oder Sellerie. Humuswasser, alle 10 bis 14 Tage verabreicht, sorgt für gutes Gedeihen. Dazu verrühren wir eine Schaufel reifen Kompost in einem Eimer Wasser. Wenn irgend möglich, nehme man wegen der Chlorempfindlichkeit der Gurke kein Leitungs-, sondern Regen- oder Brunnenwasser. Das Leitungswasser läßt sich durch eine Prise „Biosmon“ (Reformhaus) entchloren. Sobald sich der erste Sproß an den Gurken zeigt, fahren wir mit regelmäßigen Schachtelhalmspritzungen fort, etwa alle 14 Tage, um die Pflanzen und später die Früchte gesund zu erhalten und den Geschmack zu verbessern.

FOLGESAATEN UND HERBSTGEMÜSE

Vor den heißen Tagen können Sie noch eine letzte Radieschenaussaat vornehmen; ‘Haubners Frühwunder’ und einige spezielle

Sommersorten lassen sich auch später säen, ohne daß die Radieschen vorzeitig schießen oder pelzig werden. Ebenso sind mit Sommersorten des Rettichs weiterhin Folgesaaten möglich. Folgesätze von Pflücksalat liefern den ganzen Sommer über zarte Blätter. Reihenweise kann eine Kohlrabisaat beigesellt werden. Mangold können Sie bis in den Juni hinein säen. Nach jedem Schnitt der Blätter wächst er nach und erlaubt so immer wieder neue Ernten.
Unter den Gewürzkräutern sind nach den Maifrösten Baldrian und Bohnenkraut mit der Freilandaussaat an der Reihe. Von Estragon muß zu Beginn der Blüte im Mai/Juni das Kraut geschnitten werden, weil es danach an Aroma einbüßt. Im Mai/Juni können Sie für den Herbst noch eine Blumenkohlaussaat vornehmen, z. B. mit der Sorte 'Allerheiligen-Spezialzucht'. Im Juni/Juli ist dann die beste Pflanzzeit, die Setzlinge kommen möglichst zwischen Frühkartoffeln. Je nach Witterung kann von September bis in den November hinein geerntet werden.
Im Vorzuchtbeet stehen bis Mitte/Ende Mai noch wärmebedürftige Gemüse, die im Frühjahr gesät wurden. Mit zunehmender Wärme müssen wir stärker belüften, die Fenster werden nur noch bei Frostgefahr geschlossen. Nach dem Auspflanzen der Frühjahrssaaten füllt sich das Vorzuchtbeet bald wieder, nun schon mit Herbst- und Wintergemüse. Ausgesät wird Rosenkohl, z. B. 'Wilhelmsburger Späte'. Etwas später folgt Grünkohl, für rauhes Klima empfehlen wir die frostsicheren Sorten 'Hammer' und 'Niedriger grüner Krauser'.

Estragon ernten wir bereits zu Beginn der Blüte; danach verliert er deutlich an Aroma.

PFLANZZEIT FÜR WÄRMEBEDÜRFTIGE GEMÜSE

Die Tomaten pflanzen wir frühestens Mitte/Ende Mai aus, wenn die letzten Nachtfröste (die „Eisheiligen") vorüber sind und die Pflanzen zu blühen beginnen. Werden gegen alles Erwarten noch späte Nachtfröste

Tomaten vertragen sich mit vielerlei Pflanzen; auch Sellerie, Lauch, Kohl und Möhren sind geeignete Nachbarn.

gemeldet, hat sich erfahrungsgemäß eine vorhergegangene Bodenspritzung mit Baldrianblütenextrakt in starker Verdünnung gut bewährt. Er macht die Pflanzen unempfindlich gegen Kälteeinfluß. Ein sonniger, windgeschützter Platz im Garten, auch eine zur Sonnenseite gerichtete Hauswand ist günstig für den Tomatenanbau.

Im Gegensatz zu den meisten anderen einjährigen Pflanzen liebt es die Tomate, mehrere Jahre am gleichen Platz zu stehen. Sie gedeiht auch vorzüglich mit Kompostdüngung aus ihren eigenen Abfällen. Durch ihren Geruch schützt die Tomate andere Kulturen vor Schädlingen. So eignet sie sich für den gemeinschaftlichen Anbau vor allem mit Blumenkohl und anderen Kohlarten, z.B. spätem Kohlrabi, auch mit Sellerie und Salat. Umgekehrt verbessern manche Kräuter den Geschmack der Früchte. Besonders empfehlen wir eine Randbepflanzung mit Petersilie; auch eine Zwischenreihe von Pfefferminze fördert das Aroma, ebenso Echte Kamille als Vorfrucht. Als Zwischenkultur eignet sich zudem die Buschbohne sehr gut, da der Boden mit Stickstoff angereichert wird. Kartoffeln jedoch sollten möglichst fern gehalten werden von Tomatenkulturen, im Krankheitsfalle der einen wie der anderen Pflanze ist eine Übertragung sehr leicht möglich. Vor der Auspflanzung erfolgt wiederum eine Bodenspritzung mit Schachtelhalm. In jedes Pflanzloch geben wir einige Senfsamen und gut ausgereiften Kompost, dem einige Wochen vorher Knochen- und Hornmehl oder auch Peru-Guano untergemischt wurde.

Wir pflanzen im Reihenabstand von ca. 1 m, bei Zwischenkulturen je nach Platzbedarf des anderen Gemüses auch mehr. Die Tomatenpflanzen stehen in ca. 60 – 80 cm Entfernung zueinander und werden gerade und tief bis zum ersten Laubblatt in die Erde gesetzt. Am Anfang sind des öfteren Dunggüsse mit stark verdünnter, gut verrotteter Brennesseljauche zu empfehlen.

Die Stützpfähle für Stabtomaten rammen Sie am besten vor der Auspflanzung ein, und zwar so tief, daß sie später starken Behang tragen können. Vielfach werden heute gewellte Stahlstäbe benutzt, weil Holzpfähle nicht keimfrei bleiben. Wellstäbe bedeuten auch eine Arbeitsersparnis, weil nur hie und da angebunden werden muß. Die Pflanze wird sofort in Rechtswindung um den Stab gewunden. Durch Windungen aber entsteht Saftstauung, was einen stärkeren Antrieb zur Folge hat und somit Verbesserung der Erträge bedeutet.
Tomaten sollten mit einer guten Bodenbedeckung versehen werden; kurz geschnittenes Stroh ist ausgezeichneter Tomatenmulch. Auch angefeuchteter Lehm, mit vergorenem Kuh- oder Geflügeldung vermischt, wirkt sich vorteilhaft aus. Zwischenkulturen dienen ebenfalls der Bedeckung des Erdreiches, z. B. Salat oder auch Neuseeländer Spinat. Letzterer wird in Samenkästen vorgezogen, später in 1 m Abstand gesetzt. Diese stark wuchernde Pflanze beschattet nicht nur den ganzen Boden, seine jungen Triebe können auch immer wieder geschnitten werden und liefern einen feinen Spinat für die Küche.
Nun sind auch die Kürbispflanzen an der Reihe, die wir im April in Töpfen vorgezogen haben. Mit seinen großen Blättern und langen Ranken eignet sich der Kürbis gut, um den Komposthaufen zu beschatten. Gepflanzt wird jedoch nicht auf, sondern neben den Kompost; andernfalls würden die Wurzeln des starkzehrenden Kürbises dem Haufen zuviele Nährstoffe entziehen. Ähnlich verfahren wir bei einer Direktsaat nach den Maifrösten: Wir füllen eine kleine Grube in der Nähe des Komposthaufens mit guter Komposterde, am besten mit Mistkompost, und hügeln damit etwas auf. Die Kerne werden in den Hügel gelegt. Meist genügt eine Pflanze, um den Kompostplatz hinreichend vor Sonne zu schützen. Geht eine zweite auf, verpflanzen wir sie an das andere Ende des Komposthaufens.
Ende Mai/Anfang Juni pflanzen wir den Sellerie aus. Ganz anders als die Tomaten ist er sich selbst feindlich, zudem anfällig für Rost und verlangt geradezu nach der Mischkultur. Sehr gut

Zwei „Generationen" von Tomatenstützen einträchtig nebeneinander: moderne Wellstäbe und Holzstangen nach alter Väter Sitte

gedeiht er längs der Stangenbohnen und zwischen Buschbohnen. Auch die Pflanzung auf ein abgeerntetes Leguminosenstück zeigt günstige Wirkung, weiterhin eignet sich Spinat als Vorkultur. Reihenwechsel mit Lauch, Tomaten oder Blumenkohl ist vorteilhaft für beide Teile. Beim Blumenkohl hält Sellerie den Kohlweißling ab.
Vor der Auspflanzung sollte man etwas guten Kompost, gemischt mit Holzasche, getrocknetem, zerriebenem Farnkraut oder Comfreyblättern, ins Erdreich harken. Das kommt dem Kalibedürfnis des Selleries entgegen.

Die Pflanzung auf Erdwälle hat bei Sellerie gute Erfolge gezeigt.

Wir setzen Sellerie in 50 cm Abstand und, ebenso wie die Salatpflanzen, unbedingt flach. Er darf nicht gehäufelt werden, das würde sein Wachstum hemmen. Sehr guten Einfluß auf die Knollenentwicklung hat das Anpflanzen auf Erdwällen. Gelegentliche Dunggüsse mit vergorener, stark verdünnter Brennesseljauche sind zu empfehlen; auch auf Algenmehl, flach ins Erdreich eingebracht oder gespritzt, reagiert er äußerst gut.

MIT VEREINTEN KRÄFTEN GEGEN BLATTLÄUSE

Wo junge Triebe neu gepflanzter Bäume von Blattläusen befallen werden, müssen wir eingreifen, solange sich die Blätter noch nicht kräuseln. Ein starker Blattlausbefall in diesem Stadium der Jungbäume führt leicht zur Verkrüppelung der Triebe. Am besten tunkt man die Triebspitzen in den Rainfarntee und wäscht sie regelrecht ab. Auch Quassiabrühe eignet sich ausgezeichnet für solche Abwaschungen. Am nächsten oder übernächsten Tag aber müssen – wenn kein Regen gefallen ist – die behandelten Blätter mit kaltem Strahl abgebraust werden.
Vom Frühjahr bis in den August hinein werden wir mit Blattläusen zu tun haben, besonders in trockenen Sommern. Haben wir durch Spritzung die erste Brut getroffen, dann ist schon viel gegen alle folgenden Generationen getan, zumal dann auch die Vögel unter dem Läusenachwuchs aufräumen.
Florfliege, Schwebfliege und Schlupfwespe, vor allem aber der Marienkäfer sorgen in normalen Jahren für das gesunde Gleichgewicht. Darum müssen wir sorgfältig darauf achten, daß wir beim Abwaschen der durch Blattläuse gefährdeten Pflanzen die Larve des

Anders als die zarte Florfliege selbst sind ihre Larven sehr gefräßig und vertilgen gerne Blattläuse.

Marienkäfers schonen. Sie zeigt sich gerade im Mai/Juni und ist unter den Läusen sofort erkennbar: eine kleine, dunkle, häßliche Figur, ähnlich der Larve des Kartoffelkäfers. Mikroskopische Beobachtungen ergaben, daß die Marienkäferlarve in 24 Stunden an die 500 Blattläuse verzehrt, auch Schildläuse sind vor ihr nicht sicher. Durch Würzkräuterpflanzung unter Obstbäumen locken wir die genannten Nützlinge an. So lieben sie z. B. nichts mehr als blühende Petersilie. Der Marienkäfer sucht mit Vorliebe Brennesselunterkulturen auf. Vom direkten Abwaschen der Blätter abgesehen, schaden Teespritzungen den Nützlingen nicht. Neben Rainfarn können Sie für blattlausabwehrende Teebereitungen Wermut *(Artemisia absinthium)* und die Eber- oder Zitronenraute *(Artemisia abrotanum)* verwenden. Sobald die Tomaten im Garten ausgegeizt werden, kann man auch das Tomatengrün brühen und mit etwas Schmierseife verrühren. Durchgeseiht ist diese Brühe ein gutes Mittel gegen starken Läusebefall.

EINSAATEN UNTER OBSTBÄUMEN: GRÜN, BUNT ODER DUFTEND

Der Mai ist die beste Zeit für eine Grüneinsaat von Lupinen, Sommerwicken, Perserklee oder Alexandrinerklee. Diese Einsaat kommt vor allen Dingen dort in Frage, wo im nächsten Jahr eine Neupflanzung von Obstbäumen vorgesehen ist. Sie lockert den Untergrund – wodurch der Aushub für Pflanzlöcher nicht so groß ausfallen muß – und bereichert den Boden. In einem obstmüden, sandigen und vernachlässigten Erdreich fördert sie den Aufbau neuer Fruchtbarkeit. Gern empfehlen wir außerdem die Bepflanzung der Baumscheiben mit Heil- und Gewürzkräutern. Abgesehen von den Vorteilen für den Boden, hilft der Kräuterduft nicht nur gegen Schadinsekten und Krankheiten, sondern beeinflußt auch die Qualität der Früchte günstig. Sie gewinnen bedeutend an Aroma, ganz zu schweigen von der Anziehungskraft der blühenden Kräuter auf die Bienen.

Das Schöne mit dem Nützlichen verbinden: Die schmucke Kapuzinerkresse hält Schädlinge von Obstbäumen fern.

Dann sind es auch die Blumen, die unter Obstbäumen ihren Platz haben sollten, vor allem die niedrig rankende Kapuzinerkresse *(Tropaeolum majus)*. Ihre außerordentliche Wirkung gegen Blut- und Blattläuse hat sie gerade bei der Unterpflanzung von Apfelbäumen unentbehrlich gemacht. Da sie nicht vor den Maifrösten ausgepflanzt wird, empfiehlt es sich, sie in Kästen oder Töpfen vorzuziehen. Einmal ausgepflanzt, macht sie sich im Laufe der Jahre auf naturgemäß behandeltem Boden selbständig, kommt jährlich zur rechten Zeit wieder und überwuchert die Baumscheiben bis in den Herbst hinein.

Nach der Fruchternte können Sie sich schließlich am reizvollen Anblick der Kapuzinerblüten erfreuen, die dann Baum und Strauch übersäen. Zwar fällt schon beim ersten Frost alle Pracht zusammen; doch da beginnt diese Pflanze erst recht nützlich zu werden. Lassen Sie sie einfach als Bodenbedeckung über Winter liegen. Die Verrottung geht sehr schnell vor sich. Im Kreislauf durch Boden und Wurzel teilt sie sich derart den Pflanzen mit, daß diese für das nächste Jahr meist von den Läusen gemieden werden. Auch bei Tagetes haben wir die Schädlingsabwehr im Obstgarten beobachtet. Wenn Sie Pfirsiche vor dem Anpicken bewahren wollen, können Sie die Vögel leicht von ihnen ablenken, indem Sie Sonnenblumen in ihre Nähe pflanzen. Voraussetzung ist allerdings, daß Pfirsich- und Körnerreife in dieselbe Zeit fallen. Sonnenblumen können ab April direkt ins Freiland gesät werden.

Ob farbenfroh blühend, aromatisch duftend oder „nur“ grün – alle genannten Pflanzen erfüllen im Obstgarten wichtige Funktionen und lassen sich auch im jährlichen Wechsel als Untersaaten nutzen.

JUNI

WILDROSEN – GARTENZIERDE MIT HEILKRAFT

Von den wildwachsenden Rosen der verschiedenen Ursprungsgebiete bis zu den heutigen Kulturrosen war es ein langer Weg. Dabei entstand eine fast unüberschaubare Fülle prächtiger Edel- und Beetrosen, Kletterrosen und moderner Strauchrosen. Und dennoch finden die Wildrosen immer noch Liebhaber, die ihre besonderen Vorzüge zu schätzen wissen.

Kurz vorgestellt sei hier stellvertretend *Rosa canina*, unsere heimische Hecken- oder Hundsrose. Sie kann einem Vergleich mit ihren vornehmeren Verwandten durchaus standhalten. Allerdings ist es hier nicht die einzelne edle Blume, die uns fasziniert, sondern die ganze Pflanze, wie sie dasteht, sich munter in ihre Nachbarschaft hineinrankt, blüht und fruchtet, spricht zu uns.

Die 2–3 m hoch wachsende Heckenrose verlangt guten, tiefgründigen Boden und viel Sonne, braucht kaum Pflege und so gut wie keinen Schnitt. Ihre bogig überhängenden Triebe sind im Sommer reichlich mit rosaroten Blüten besetzt. Im Herbst schmücken sie sich mit roten Hagebutten, die schon seit alters für Heilzwecke verwendet und zu Tee, Saft und Marmelade verarbeitet werden.

Die Apfelrose bildet besonders große Hagebutten und bezaubert mit anmutigen Blüten.

Auch die anderen Strauch- und Wildrosen sind für den Anbau im Garten zu empfehlen, wie etwa die Apfel- oder Kartoffelrose *(Rosa rugosa)* mit besonders großen Hagebutten, die Zentifolien *(R. centifolia)*, Damaszenerrosen *(R. damascena)*, Weinrose *(R. rubiginosa)* oder Bibernellrose *(R. spinossima)*. Sie überzeugen durch köstlichen Duft, oft überreichen Flor, reichlichen Hagebuttenertrag, schöne Herbstfärbung und geringe Krankheitsanfälligkeit. Der Schnitt beschränkt sich auf das Entfernen des alten, abgestorbenen Holzes.

Ein weiterer Vorzug dieser Rosen ist die Heilkraft ihrer Blütenblätter. Der Teeaufguß (ein gehäufter Teelöffel getrockneter Blüten auf eine Tasse) ist zur Blutreinigung und zu Spülungen des Mundes bei Mundhöhlenentzündungen zu empfehlen. Rosenwein belebt und stärkt bei Müdigkeit und Abgespanntheit.

PFLANZENSAFT GIBT PFLANZEN KRAFT

Unsere Gemüsepflanzen brauchen, um gesund heranzuwachsen und widerstandsfähig gegen Krankheiten und Schädlinge zu sein, eine gute, ausgewogene Nährstoffversorgung. Neben dem Kompost, der die Grundlage der biologischen Düngung bleibt, stellen Pflanzenjauchen eine wertvolle Ergänzung dar. Da sie aus Pflanzen entstehen, enthalten sie alle für die Pflanzen wichtigen Nährstoffe und Spurenelemente in einem ausgewogenen Verhältnis. Eine solche Düngung ist nicht nur die gesündeste, sondern auch die billigste.

Eine ausgezeichnete und universal einsetzbare Düngejauche entsteht aus Brennesseln. Wir geben sie locker in ein Gefäß, bis es zu drei Viertel voll ist und füllen mit Wasser bis einige Zentimeter unter dem Rand auf. Nach ein bis zwei Tagen beginnt die Jauche zu gären; nach 14 Tagen – bei kühler Witterung dauert es etwas länger – ist sie fertig vergoren. Wir erkennen dies daran, daß sie dunkel ist und nicht mehr schäumt. Nun ist sie gebrauchsfertig und kann verdünnt zum Angießen und Düngen aller Gemüse-, Obst- und Zierpflanzenarten verwendet werden. Zum

Wer mit Pflanzenjauchen arbeiten will, sollte genügend große, verschließbare Gefäße bereitstellen. Metallbehälter sind nicht geeignet.

Angießen von Setzlingen nehmen wir eine Konzentration von 1:20, zur Stärkung und Kräftigung gießen wir wöchentlich einmal alle Pflanzen mit einer 1:50-Verdünnung; zur Bodenverbesserung im Frühjahr gießen wir unverdünnt oder leicht verdünnt über Boden und Kompost. Ein Nachteil dieser Düngeart ist die Geruchsbelästigung, doch wir können zur Geruchsbindung etwas „Humofix"-Lösung (etwa zwei Eßlöffel auf 10 Liter Wasser) zugeben. Auch Steinmehl, das unter kräftigem Rühren eingestreut wird, bindet den Geruch. Geeignet zur Jaucheherstellung sind Gefäße aus Holz, Kunststoff, Steingut und Ton. Nur Metall darf man nicht verwenden, weil zwischen Metall und Jauche chemische Verbindungen eingegangen werden. Wichtig ist, die Gefäße abzudecken, der Deckel muß jedoch luftdurchlässig sein. Bis zum Johannistag (24. Juni) ernten wir stets reichlich Brennesseln, da nach der Blüte das Kraut an Kraft verliert.

Neben der Brennessel gibt es auch noch andere Pflanzen, die gute Düngejauchen abgeben: Comfrey (Beinwell), Fenchel- und Kamilleabfälle, Kohlblätter, Rote-Bete-Blätter, Rasenschnitt und Gartenunkräuter wie Vogelmiere, Ehrenpreis, Hirtentäschel, Löwenzahn. Doch sei hierzu bemerkt, daß die Keimfähigkeit der Samen (auch der Brennesselsamen) durch den Gärungsprozeß nicht beeinträchtigt wird. Wer sich mit den Jauchen kein Unkraut aufs Land „säen" will, muß es verwenden, solange es noch

Comfrey ergibt eine gute Düngejauche, die z. B. die Knollen- und Fruchtbildung bei Gemüse fördert.

keine Samen angesetzt hat. Andernfalls empfehlen wir, die Jauche durch ein Leinentuch zu filtern. Die vom Frühkohl abfallenden Blätter, auch solche vom Salat, werden gleich zum Vergären in ein Holz-, Stein- oder Plastikgefäß gesteckt und reichlich mit Regen- oder Brunnenwasser bedeckt. Nach zwei bis drei Wochen erhalten wir eine gute Pflanzenjauche, die 1:10 verdünnt als Dungguß schwachen Gemüsekulturen, vor allem Kohlsetzlingen, gegeben wird. Mit Brennesseljauche gemischt, die gut vergoren und verdünnt wurde, kann der Wert der Krautjauche für alles Blattgemüse noch erhöht werden.

Im Juni/Juli blüht der Baldrian. Wir pflücken die Blüten ohne Blatt und Stiel und bereiten daraus den Baldrianblütenextrakt für die Saatbäder von Sellerie, Tomaten, Zwiebeln, Porree und Kartoffeln und zur Spritzung von Obst, Blumen und Tomaten.

HILFE, DIE SCHNECKEN KOMMEN!

In naßwarmen Sommern tritt leicht eine Schneckenplage auf, wie schon viele Gärtner zu ihrem Leidwesen feststellen mußten. Jetzt sind Vorbeugungs- und Schutzmaßnahmen für die Gemüsebeete gefragt. Die natürlichen Feinde der Schnecken sind Kröte, Spitzmaus und Igel. Wer eine Kröte in seinem Garten ansiedeln kann, wird bald der Schneckenplage ledig sein. Mit Farnkraut, Fichtennadeln oder Gerstenspreu gemulchte Beete werden erfahrungsgemäß von Schnecken gemieden. Sie können auch kleine Wälle aus Gerstenspreu um die Pflanzen oder Beete legen. Die Schnecken werden durch die Grannen verletzt und meiden solchermaßen abgegrenzte Bereiche. Ein einfaches Mittel gegen Schnecken ist ferner die Anpflanzung von Ringelblumen und Kapuzinerkresse als Randgewächse oder zwischen dem Gemüse. Ihr Duft vertreibt die Schädlinge. Die Meerrettichpflanzung am Rand des Kartoffelstückes wird zum natürlichen Sammelplatz der Gartenschnecken. Ebenso sammeln sich die Schnecken unter kleinen Brettern, die man zwischen die Gemüsepflanzen legt; auch eine flache Schale mit Bier lockt sie an. In den Abend- und frühen Morgenstunden können Sie an solchen Fangstellen die Schädlinge sammeln und in sehr heißem Wasser vernichten.
Frisch gepflanzte Setzlinge, vor allem vorgezogene Sommerblumen wie Tagetes, Kapuzinerkresse, Kosmeen und Mittagsblumen gehören neben Salatpflanzen zu den besonderen Leckerbissen der verschiedenen Nacktschneckenarten. Zum Schutz der jungen Pflänzchen dienen ausgelegte Rhabarberblätter, die ja im Mai schon als Abfall anfallen. Die Schnecken verkriechen sich darunter und können morgens abgesammelt werden.

Unterschlupfmöglichkeiten und liegengelassenes Laub helfen dem Igel, einem eifrigen Schneckenjäger.

PFLEGE UND ERNTE IM GEMÜSEGARTEN

Ständige Bodenbedeckung im Gemüsegarten wird mit dem Nahen des Hochsommers immer wichtiger.

Bei zunehmendem Sonnenschein und damit auch zunehmender Trockenheit müssen wir nun besonders dafür sorgen, daß der Boden bedeckt bleibt. Neben Rasenschnitt und ähnlichem Material dient auch jedes Unkraut, das vor der Blüte gejätet wird, sowie der Teesatz der Spritzdrogen diesem Zweck. Man sollte sich beim Nachbarn, wenn er Unkraut wegwirft oder gar verbrennt, die Pflanzenabfälle erbitten. Mancher hat vielleicht die Möglichkeit, sich von Rainen oder Gräben Gras und Kräuter als Mulch für sein Gartenland herbeizuschaffen. Auch Stroh kann als Bodendecke dienen. Das ständige Mulchen schützt den Boden vor Austrocknung und spart einem so manche Gießkanne.

Nach Erscheinen der ersten drei bis fünf Blätter können Sie die Gurken entspitzen. Sie verzweigen sich dann und fördern mehr weibliche Blüten zutage. Anfangs treiben fast nur männliche Blüten ohne Fruchtansatz. Da die Wurzeln der Gurken sehr nahe an der Oberfläche liegen, verzichten wir auf Harken und dergleichen; die Folgen wären Abfallen und Bitterwerden der Früchte. Tomaten verlangen eine Bewässerung mit Regen- oder wenigstens abgestandenem Leitungswasser direkt in den Wurzelbereich; eine Besprengung mit Schlauch oder Brause vertragen sie ebenso schlecht wie plötzliche starke Regengüsse. Sie wünschen „nassen Fuß und trockenen Kopf"!

Wir raten, vor jedem Gießen, die Bodenbedeckung etwas beiseite zu schieben, seltener, aber gründlich zu gießen und sofort danach die Mulchdecke wieder darüberzubreiten. Der Mulch hält nicht nur den Boden feucht, sondern hindert auch das Aufsteigen feuchter Bodenluft. Bis zur zweiten Woche vor der ersten Ernte empfiehlt sich vierzehntägig eine Kopfdüngung mit stark verdünntem, aktiviertem Kuh- oder Geflügeldung; auch verdünnte Brennesseljauche, besser noch die wertvolle Jauche des Tomatengrüns, wirken sich günstig auf die Kulturen aus.

Das teilweise übliche Abblättern von Sellerie oder auch von Tomaten ist eine große „Untugend". Man beraubt dadurch die Pflanzen der Blätter, die sie dringend für die Entwicklung der Knollen bzw. Früchte brauchen und die zudem vorteilhaft den Boden beschatten.

In Gebieten, in denen die Kraut- und Knollenfäule der Kartoffeln jedes Jahr auftritt, sollten Sie ab Mitte Juni regelmäßig mit Schachtelhalmbrühe spritzen; tun Sie dies unbedingt vorbeugend, denn sobald die Krankheit sichtbar wird, ist die Wirkung nicht mehr so gut. Beim Auftreten der ersten Symptome muß man mindestens dreimal wöchentlich mit Schachtelhalmbrühe oder einem fertigen Präparat auf Schachtelhalmbasis spritzen, um eine weitere Ausbreitung zu verhindern. Auch gefährdete Tomaten erhalten diese Spritzbehandlung.

Rhabarber sollte man nach dem Johannistag nicht mehr ernten; danach steigt der Oxalsäuregehalt in den Stielen auf gesundheitsschädliche Mengen an.

Für Spargel und Rhabarber gilt der 24. Juni, also der Johannistag, als wichtiger Stichtag. Danach dürfen sie nicht mehr geerntet werden. Bei Rhabarber werden die Blütenschäfte ausgebrochen, außerdem erhält er eine leichte Kompostdüngung. Rhabarber düngen wir nach jeder Ernte mit Pflanzenjauche; tierische Jauchen dagegen sollten nicht zum Einsatz kommen, sie beeinträchtigen den Geschmack.
Ende Juni bis Anfang Juli legen wir die Wurzeln des Meerrettichs frei. Wir schneiden die sich neu bildenden Wurzeln und Triebe ab und reiben mit einem rauhen Lappen nach. So wird das Verwildern der Wurzeln verhindert. Danach bedecken wir die Wurzelstangen wieder mit Erde.

SÄEN UND PFLANZEN IM FRÜHSOMMER

Bis Mitte Juni ist die Aussaat von Roten Beten möglich, am besten mit einer kleinen Dilleinsaat. Stangenbohnen können noch gelegt werden, Buschbohnen sogar bis Mitte Juli. Winterrettich steht gut im Reihenwechsel mit Buschbohnen; durch diese Mischkultur halten wir die Erdflöhe fern. Unter Spätkarotten kommt für Junisaat z. B. die Sorte 'Marktgärtner' in Frage, später dann 'Nantaise'; für die letzte Freilandsaat von Kohlrabi 'Blauer Speck'. Von Juni bis in den August hinein, eventuell in zwei Folgesaaten, können Sie Fenchel als Gemüse säen. Ende Juni bis Mitte Juli ziehen wir Winterendivien vor, mit Sorten wie 'Grüne Selbstbleichende' oder 'Bubikopf'.
Alle Spätkohlarten werden jetzt vereinzelt und je nach Art auf 40 – 60 cm Abstand gesetzt. Günstig ist die Pflanzung auf ein abgeerntetes Leguminosenstück (nach Erbsen, Dicken Bohnen oder entsprechenden Gründeinsaaten), ebenso auf frei gewordenen Frühkartoffelreihen. Steht Kohl in Tomaten-, Sellerie- und Salatnähe, wird er erfahrungsgemäß vom Kohlweißling gemieden. Steht er allein, sollte man ihn immer wieder mit Tomatenkraut, das man mit Regenwasser übergossen hat und verjauchen ließ, abbrausen. Ende Juni oder Anfang Juli ist dann auch der Rosenkohl mit dem Vereinzeln oder Auspflanzen an der Reihe.

ANHÄUFELN FÖRDERT DAS WACHSTUM

Das Anhäufeln, also das Heranziehen gelockerter Erde über den Wurzelhals, ist für das Pflanzenwachstum von großer Bedeutung. Am angehäufelten Sproß entstehen neue, zusätzliche Wurzeln, was eine bessere Wasser- und Nährstoffversorgung und damit Kräftigung der Pflanze zur Folge hat. Zudem bleibt der Boden im Wurzelbereich länger feucht und unterliegt

Wenn sie etwa handhoch sind, werden Bohnen bis über den ersten Blattansatz gehäufelt.

geringeren Temperaturschwankungen. Bohnen, Kürbisse, Gurken und Tomaten häufeln wir bis über den ersten Blattansatz. Bei Bohnen geschieht das, sobald sie ungefähr handhoch sind, Stangenbohnen werden jeweils zur Stange hin gehäufelt. Bis zum 24. Juni müssen die Spätkartoffeln gehäufelt sein, soweit sie nicht auf einem Hügelbeet oder oberirdisch unter Mulch angebaut wurden. Tomaten häufeln wir drei bis vier Wochen nach der Pflanzung, am günstigsten mit guter Komposterde.
Beizeiten müssen die Kohlpflanzen gehäufelt werden, vor allem zum Schutz gegen Kohlfliege und Drehherzmücke, die ihre Eier – in zwei bis drei Generationen von Mai bis August – am Wurzelhals und in den Stielen der jungen Herzblätter ablegen. Häufeln Sie deshalb die Kohlpflanzen bis über den ersten Blattquirl.
Auch bei Möhren dient das Anhäufeln dazu, die Möhrenfliege vor der Eiablage an den Wurzelhals hindern. Wir tun das in der zweiten Junihälfte, um den Fliegen zuvorzukommen, die Ende Juni/Anfang Juli unterwegs sind, um ihre Eier abzulegen. Zusätzlich empfehlen wir, Möhren während dieser Zeit durch Zwiebelschalenaufguß zu schützen.

ERNTEZEIT FÜR HEIL- UND GEWÜRZKRÄUTER

Wenn der kalendarische Sommer beginnt, können viele unserer Heil- und Küchenkräuter geschnitten und getrocknet werden. Allerdings ist es nicht gleichgültig, wann wir sie ernten, ob vor oder nach der Blüte: So haben beispielsweise alle Arten, bei denen hauptsächlich die Blätter verwendet werden, vor der Blüte den höchsten Gehalt an Wirkstoffen. Dill, Salbei, Pimpinelle, Pfefferminze, Zitronenmelisse, Wermut, Beifuß, Borretsch, Liebstöckel, Kresse, Weinraute, Petersilie und Schnittlauch müssen vor der Blüte geschnitten werden.
Sobald sich der erste Knospenansatz zeigt, sind Basilikum, Estragon, Thymian, Kerbel und einjähriges Bohnenkraut am gehaltvollsten. Lavendel, Rosmarin, Schafgarbe, Kamille, Majoran können bei der Ernte in voller Blüte stehen.
Ernten Sie alle Kräuter am besten an sonnigen Tagen, vormittags, wenn der Tau abgetrocknet ist. Sie werden locker in Körbe oder Kisten gefüllt;

Die heilkräftige Kamille darf und soll zur Ernte in voller Blüte stehen.

dunklen Schraubgläsern mit Deckel aufbewahrt, damit der Aromaverlust möglichst gering bleibt.
Der Wert der Kräuter für die Verfeinerung und bessere Bekömmlichkeit unserer Speisen kann nicht hoch genug eingeschätzt werden. Statt eines Übermaßes an Salz und scharfen Gewürzen nutzen wir die Vielfalt der Kräuter, um feinste Geschmacksnuancen zu erzielen und haben immer den Nebeneffekt, die Gerichte dadurch bekömmlicher zu machen und den Verdauungsapparat anzuregen. So können wir beispielsweise aus einer Mischung von Basilikum, Rosmarin und Bohnenkraut – getrocknet und zerrieben – den Diätpfeffer herstellen, ein Gewürz, das ähnlich schmeckt wie echter Pfeffer, ohne dessen schädlichen Scharfstoff zu enthalten.

keinesfalls darf man sie zusammenpressen. Was nicht zum Frischverzehr gebraucht wird, können wir schonend trocknen. Dazu werden die Kräuter gebündelt und an einem luftigen, trockenen Platz aufgehängt oder auf einem Backblech, einem Stück Packpapier oder einem Leinentuch ausgebreitet (vor allem Blätter, Blüten und kleinere Kräuter). Die Temperatur für das Trocknen darf die eines warmen Sommertages, also 25 – 30 °C, nicht überschreiten. Diese Angabe können Sie auch als Richtschnur nehmen, wenn Sie bei feuchtem Wetter den Backofen zum Trocknen einsetzen. Die getrockneten Kräuter werden in Dosen oder

Zur jahrhundertealten Tradition des klösterlichen Kräuteranbaus gehört auch das Wissen um die richtige Ernte und Konservierung.

PFLEGE UND PFLANZENSCHUTZ IM SOMMERLICHEN OBSTGARTEN

Das Gras unter den Obstbäumen schneiden wir häufig und lassen es nicht höher als 10 cm wachsen. Gründeinsaaten werden erst in der Vollblüte geschnitten. Beides kann als Mulch liegenbleiben. Wie bereits bei der Pflege des Gemüsegartens erwähnt, ist Bodenbedeckung nun besonders wichtig. Bei guter Durchwurzelung und Bodenbedeckung können wir auf Sommerdüngung und Bewässerung im Obstgarten verzichten. Von Juni bis Herbst läßt die Tätigkeit der Saugwurzeln stark nach, um so intensiver streckt sich die Baumkrone nach Licht und Luft aus.

Wichtig: Ausdünnen des Fruchtbehangs

Zuerst werden die Frühäpfel, anschließend die Spätsorten ausgedünnt, wenn die Früchte walnußgroß sind. Der Behang sollte immer in passendem Verhältnis zu den Blättern stehen,

Das Verhältnis von Fruchtbehang und Blattmasse muß stimmen, sonst werden die Früchte nicht hinreichend versorgt.

die in der Lage sein müssen, alle Früchte ausreichend zu versorgen. Für den günstigen Abstand von Frucht zu Frucht gibt die Spannweite von Daumen und Zeigefinger ein gutes Maß vor, eine Richtschnur, die bei der Arbeit stets „zur Hand" ist. Wir pflücken dabei die schlecht entwickelten Früchte heraus, soweit der natürliche Junifall der Obstgehölze nicht schon entsprechend ausgedünnt hat. Rechtzeitiges Auflesen des Fallobstes verhindert die Weiterentwicklung der Obstmade.

Neu gepflanzte Bäume dürfen noch keine Frucht tragen. Wurde nicht bereits die Blüte ausgebrochen, müssen wir jetzt den Fruchtansatz abnehmen. Wenn Jungbäume noch nicht ausgeschlagen haben, können Sie diese noch einmal herausnehmen, ins Wasser legen, die Wurzeln neu beschneiden und wieder einpflanzen, genau so, wie sie zuvor gestanden haben. Sind jedoch die Wurzeln angefault, liegt es an zu feuchtem Boden, und die Bäume müssen einen anderen Platz bekommen. Kranke Stellen werden bis ins gesunde Wurzelholz weggeschnitten.

Plagegeister gleich bekämpfen

Um diese Zeit entdecken wir oft – besonders an Apfelbäumen – große Blätter, die von Gespinsten eingerollt sind. Dabei handelt es sich um die Raupennester der Gespinstmotte. So weit wir reichen können, müssen wir nun jede Befallstelle herausschneiden und vernichten. Ein scharfer Strahl in die Krone kann das übrige tun. Gärende – nicht vergorene – Brennesseljauche, frühzeitig angewandt, hat gegen den Schädling schon gute Erfolge gezeigt. Anfang Juni können wir auch die ungeschützte Zwetschgenschildlaus vorfinden. Ein verdünnter Farnkrautextrakt bekämpft sie, zugleich auch die neue Generation der Blattläuse. Unverdünnt wird Farnkrautextrakt zum Ausbürsten der Blutlauskolonien benutzt, die wir nicht aus den Augen lassen dürfen. Farnkraut und Brennesseln werden am günstigsten im Juni gepflückt.

Ebenfalls im Juni läßt sich die Raupe des Frostspanners zu Boden fallen, um sich dort zu verpuppen. Erst zur Zeit der Nachtfröste im Herbst kriecht der Falter aus. Wir können also den Frostspanner im Notfall auch im Boden erfassen, wenn es die Unterkulturen erlauben. Gegen ihn hilft ein starker Rainfarnguß oder Rainfarnteesatz als Mulch.

SOMMERSCHNITT DER OBSTBÄUME

Um Johanni, den 24. Juni, beginnen wir mit dem Sommerschnitt, so daß wir bis Mitte Juli fertig sind. Wir entspitzen die jungen und noch weichen Triebe, die zu holzen beginnen, bei Kernobst je nach Wüchsigkeit über dem vierten bis sechsten Blatt. Wer geschickt ist, sollte dazu ein scharfes Messer benutzen und nicht

Wurzelschosse reißt man möglichst direkt an ihrer Entstehungsstelle ab; nur wenn sie bereits verholzt sind, kommt die Schere zum Einsatz.

die Schere. Diese drückt den Stiel zusammen und schneidet waagrecht. Besser ist es, von innen her leicht schräg und glatt nach außen zu schneiden. Abgeschlossene Triebe werden nicht entspitzt, sie ruhen bereits und treiben keine Blätter mehr; auch schwache Triebe können Sie stehenlassen. Kräftige Stammausschläge werden glatt abgeschnitten, Wurzelschosse direkt an der Baumwurzel abgenommen.

Der Grünschnitt im Juni soll zu starkes Triebwachstum einschränken und damit die Bildung neuer Blütenknospen für das nächste Jahr fördern. Darum entfernen wir nach dem Sommerschnitt auch Neuaustriebe, nur der erste bleibt stehen und wird auf zwei bis drei Blätter zurückgenommen. An Spindelbüschen binden wir die verlängerten Seitenzweige und die Neuaustriebe am Mittelast waagrecht an, kürzen die oberen entsprechend und nehmen senkrechte Triebe ab. Beim Pfirsich- und Aprikosenspalier müssen die kräftigen Triebe, sobald sie 30 cm lang sind, fächerartig angebunden werden, im Abstand von ca. 10 cm. Schwache Triebe entfernen wir oder halten sie kurz. Der Sommerschnitt des übrigen Steinobstes sollte besser später, gleich nach der Ernte im Juli/August vorgenommen werden.

Bindearbeiten zum Aufbau eines Aprikosenspaliers nehmen wir im Sommer vor.

Darstellung der Erdbeere im Obstsortenbuch von Müller-Dienitz, 1935

GRAUSCHIMMEL BEI ERDBEEREN VORBEUGEN

In einem nassen, regenreichen Sommer nehmen Pilzkrankheiten leicht überhand. Gefährdet sind im Juni vor allem die Erdbeeren, zumal wenn die Früchte auf dem Boden liegen. Schnell werden sie von einem weißgrauen Pilzrasen überwuchert und faulen schließlich. Der Grauschimmel gilt als „Schwächeparasit", das heißt, er befällt bevorzugt Pflanzen, die im Wachstum beeinträchtigt sind. Die Verbesserung des Bodens mit Kompost und Steinmehl, das Vermeiden einseitiger Stickstoffdüngung und vor allem das Mulchen mit Stroh oder Grasschnitt sind wichtige vorbeugende Maßnahmen.

Ausgezeichnet bewährt hat sich gerade auch in feuchten Jahren eine Mischkultur mit Knoblauch und Zwiebeln; hier bleiben die Erdbeeren nicht nur vor Grauschimmel, sondern auch vor der Erdbeermilbe bewahrt. Wer eine solche Mischkultur bereits versäumt hat, kann auch alle Zwiebelabfälle sammeln und zwischen die Erdbeerreihen legen oder eine Zwiebelschalenjauche herstellen: 1 Pfund Zwiebelschalen und Zwiebelabfälle in 5 Liter Wasser ansetzen und vergären lassen, fünf bis sieben Tage stehen lassen, dann 1:10 verdünnt über die reifenden, noch grünen Früchte gießen.

Das Mulchen zwischen den Erdbeeren hilft, das Auftreten von Grauschimmel zu vermeiden.

JULI UND AUGUST

JULI

SOMMERBLUMEN: FRÖHLICH-BUNTE SONNENKINDER

Nun ist die große Zeit der Sommerblumen gekommen. Auch die empfindlicheren, erst Ende Mai gepflanzten Arten entfalten jetzt ihren Flor und bereichern die Farbpalette im Garten mit neuen Tönen. Einjährige Sommerblumen – im Frühjahr ausgesät – zeichnen sich durch ungeheure Blühwilligkeit aus, gleichsam als wüßten sie, daß ihr kurzes Leben nur ein knappes Jahr lang währt. Je regelmäßiger und sorgfältiger wir die abgeblühten Köpfe entfernen, um so mehr neue Blüten werden gebildet. Trotz der Bezeichnung „Sommerblumen" blühen viele von ihnen ausdauernd bis zu den ersten Frösten. Ein weiterer Vorteil der Einjährigen ist nicht zu unterschätzen: Da sie nicht wie die Stauden lange Jahre an einem Platz stehen, können sie ohne weiteres in die jeweilige Mischkultur einbezogen und als Begleitpflanzen zwischen Gemüsereihen, Sträucher und Bäume gesät werden. Vor allem Studentenblumen *(Tagetes)*, Ringelblumen *(Calendula officinalis)* und Sonnenblumen *(Helianthus annuus)* haben sich durch günstigen Einfluß auf Gemüse und Obst bewährt.

Einjährige Sommerblumen bereichern jeden Garten und lassen sich sogar in den Mischkulturanbau eingliedern.

Die Heimat der Sommerblumen sind die wärmeren Länder. Warme, sonnige Standorte brauchen deshalb fast alle Vertreter dieser Gruppe. Die Bodenansprüche sind nicht sehr groß, jeder normale, gute Gartenboden wird akzeptiert. Auch im Nutzgarten findet sich am Beetrand oder zwischen den Reihen immer ein Plätzchen für ein paar Samen oder einige Setzlinge, die dann im Sommer den Garten zum Blühen bringen.

Die fast unüberschaubare Fülle an Arten und Sorten hat für jeden Geschmack etwas zu bieten. Da wir die

Sommerblumen alljährlich neu säen und pflanzen, können wir mit ihnen dem Garten jedes Jahr ein anderes Gesicht geben. Vielleicht finden Sie hierzu auch im folgenden Kapitel einige Anregungen, um mit selteneren Sommerblumen neue Akzente zu setzen.

RUND UM DIE BLUMENZWIEBELN

Zwiebeln von Frühjahrsblühern, die erneuert und kontrolliert werden sollen, nehmen Sie am besten im Juli heraus. Das betrifft vor allem Tulpen, Narzissen und Hyazinthen. Für Tulpen und Freilandhyazinthen ist es vorteilhaft, wenn wir sie jedes Jahr ausgraben und an einem trockenen, kühlen Ort lagern.

Narzissen aller Art lassen gelegentlich nach drei Jahren im Blütenflor nach, wenn sich zuviel Brutzwiebeln gebildet haben und der Standraum zu eng wird. Wir raten, sie alle paar Jahre herauszunehmen und zu kontrollieren, besonders wenn sie als Schnittblumen gezogen werden. Schädlinge an Osterglocken sind Zwiebelälchen und Narzissenfliege. Die Zwiebeln fühlen sich bei Befall weich an; sie müssen aussortiert und vernichtet werden.

Schneeglöckchen sowie Märzenbecher, Blausternchen, Krokus und andere Kleinzwiebeln können mehrere Jahre hindurch im Boden bleiben und bilden mit der Zeit meist Horste, die Sie jetzt teilen und neu einpflanzen können. Gleichzeitig können Sie im Juli die Zwiebeln für den Herbstflor pflanzen. Diese verzaubern den herbstlichen Garten noch einmal durch ihre Blütenpracht. Besonders beliebt sind Herbstkrokus und Herbstzeitlose, die gerade zwischen Sträuchern und Bäumen sehr schön wirken. Stecken Sie die Zwiebeln 5 – 8 cm tief in die Erde oder in den Rasen. Den Boden brauchen Sie dazu nicht einmal tiefgründig zu lockern. Der Rasen kann, nachdem die Zwiebeln ausgelegt sind, ohne weiteres im Juli oder August gemäht werden, danach aber erst wieder, nachdem die Blätter der Pflanzen im darauffolgenden Jahr wieder eingezogen haben, etwa im Mai/Juni.

Wollen wir uns im Herbst an dieser Schönheit erfreuen, müssen die Zwiebeln der Herbstzeitlosen jetzt in die Erde.

Die Herbstzeitlose *(Colchicum autumnale)* hat krokusähnliche Blüten. Sie sind zartrosa bis malvenfarbig oder weiß. Ihr großes, breites Laub kann in einem gepflegten Rasen jedoch stören, mehr als das von Krokus und Schneeglöckchen. Deshalb stehen sie besser in Wiesen oder in kleinen Gruppen unter bzw. zwischen Ziergehölzen. Im Herbst sorgen sie dort für einen malerischen Anblick, und im Frühjahr wird das Laub nicht unangenehm auffallen.

VOM RICHTIGEN GIESSEN

Manch einer kann in seinem Garten keine trockene Erde sehen und greift deshalb immer wieder zur Gießkanne oder zum Schlauch. Meist wird viel zu oft, aber nicht durchdringend genug gegossen. Wir möchten hier einige Richtlinien und Ratschläge für das sommerliche Gießen geben, die dabei helfen, dem Boden und den Pflanzen wirklich einen Dienst zu erweisen.
Im Frühjahr, ehe die Sonne den Boden richtig durchwärmt hat, führt der Boden aufgrund der Winterfeuchtigkeit noch genug Wasser. Erst ab Ende Mai wird der Bedarf an Gießwasser stärker, und bei Trockenheit benötigen viele unserer Gartengewächse zusätzliches Naß. Unterscheiden müssen wir nun zwischen kleineren, flach wurzelnden Pflanzen, wie z. B. Radieschen oder Kresse, und Tiefwurzlern. Flachwurzler müssen bei anhaltender Trockenheit alle zwei Tage gegossen werden. Die meisten anderen Gewächse sind jedoch Tiefwurzler, sie dringen mit ihren Wurzeln weit in den Boden, um sich die nötige Feuchtigkeit zu holen. Wird öfter, aber nur seicht gegossen, bilden sie im oberen Bereich mehr feine Seitenwurzeln. Das geht auf

Damit das kostbare Naß den Pflanzen auch wirklich zugute kommt, gilt: in größeren Abständen durchdringend gießen, dies in mehreren kleinen Gaben und möglichst direkt in den Wurzelbereich.

Kosten der Standfestigkeit der Pflanzen. Außerdem wird das Wasser der Verdunstung überlassen, der Boden trocknet sehr schnell wieder ab und verkrustet oberflächlich. Richtig ist es vielmehr, zunächst den Boden zu lockern, damit das Wasser eindringen kann und nicht abläuft. Die Wasser-

menge führen wir nach Möglichkeit in mehreren kleinen Gaben zu; wir benetzen somit immer wieder dasselbe Beet, bis jeder Quadratmeter 12 bis 15 Liter Wasser bekommen hat. Dann können wir uns aber getrost eine volle Woche vom Gießen dispensieren.
Die richtige Zeit zum Gießen ist der frühe Morgen und der Abend. Als Regel gilt: an sonnigen Tagen nie nach 10 Uhr und nie vor 17 Uhr wässern. In der heißen Mittagszeit kann das Wasser den Boden nicht richtig durchziehen, die starke Abkühlung ist für die Pflanzen sogar gefährlich. An trüben Tagen oder nach einem leichten Regen dagegen ist Zusatzbewässerung am günstigsten.
Das beste Gießwasser ist Regenwasser, deshalb empfehlen wir, soviel wie möglich davon aufzufangen. Brunnen- und Leitungswasser ist weniger durchlüftet, letzteres zudem meist gechlort. Es sollte nur verwendet werden, nachdem es eine Zeitlang abgestanden ist.
Schließlich sei auch an dieser Stelle darauf hingewiesen, daß wir uns durch Bodenbedeckung viel Arbeit sparen können. Ein gut gemulchter Boden bleibt unter der Decke feucht; hier müssen Gießkanne oder Schlauch nur in langen Trockenperioden und bei besonders wasserbedürftigen Pflanzen zum Einsatz kommen.
Auch das Hacken sollte nicht vergessen werden, vor allem, wenn nicht genug Mulchmaterial zur Verfügung steht. Denn „gut gehackt ist halb gegossen“, wie bereits auf Seite 48 näher beschrieben.

Darstellung der Weinraute in altem Buch

KOMPOSTIEREN VON UNKRÄUTERN

Werden größere Mengen an Unkräutern als Kompostmaterial eingesetzt, geht das nicht immer problemlos vonstatten. Da mit dem Wurzelwerk der Unkräuter sehr viel Erde anfällt, drückt diese die Verrottungstemperatur im Komposthaufen oder läßt erst gar keine ausreichend hohe Temperatur aufkommen. Zunächst muß also die Erde so gut wie möglich ausgeschüttelt werden. Außerdem bauen wir das Unkraut immer möglichst in die Mitte des Kompostes

ein, weil dort die Wärmeentwicklung am größten ist.
Grünes Material, Brennesseln, Rasenschnitt und frische Gartenabfälle, ebenso Kalk, Brennesseljauche oder ein anderer organischer Stickstoffdünger sorgen dafür, daß der Komposthaufen heiß genug wird. In der kalten Jahreszeit decken wir mit Pappen, alten Säcken oder ausgedienten Wolldecken ab, bis nach zwei Tagen die Hitze wieder entweichen soll. Ansonsten wird Unkrautkompost wie normaler Kompost gebaut.

GEMÜSEPFLEGE UND -ERNTE

In der ersten Julihälfte spritzen wir den Boden und alle Kulturen des Gemüsegartens mit Schachtelhalmtee (auch mit Brennessel gemischt). Zeigt sich eine akute Pilzerkrankung, z. B. schwarze Flecken an Bohnen, Bräune an Tomaten oder Rost an Sellerie, muß diese Spritzung wiederholt werden, und zwar an drei Tagen hintereinander. Solch eine gründliche Behandlung bietet am ehesten Gewähr für nachhaltigen Schutz und Stärkung der Pflanze.
Gurkenbeete dürfen nicht austrocknen, darum mulchen wir sie beizeiten; im Notfall berieseln wir leicht, möglichst mit Regen-, sonst mit abgestandenem Wasser. Scharfe Güsse legen schnell die hoch liegenden Wurzelfasern frei. Aus demselben Grund sollte man während der Wachstumsperiode auch nicht hacken oder ähnliche Kulturarbeiten durchführen. Beim Ernten gehen wir vorsichtig zu Werke, damit wir nicht auf die fruchttragenden Ranken treten; nur in der Morgenkühle ernten, anderenfalls können selbst gute Gurken noch nach der Ernte bitter werden.
Grünkohl wird nun auf ca. 40 cm Abstand ausgepflanzt; günstig sind Zwischenreihen mit Kopfsalat. Den im Mai/Juni ausgesäten Blumenkohl müssen wir bis spätestens Mitte Juli pflanzen, und zwar mit 80 x 80 cm Abstand. Man kann ihn gut zwischen Frühkartoffeln setzen, die dann bald

Gurken sollte man nur morgens ernten, solange es noch kühl ist, um die Bildung von Bitterstoffen zu vermeiden.

Lager in der Abtei Fulda: In dem blitzsauberen, regelmäßig frisch gekalkten Raum werden jährlich große Erntemengen sachgemäß untergebracht.

das Feld räumen. Als günstige Nachbarn haben sich außerdem Tomaten und Buschbohnen erwiesen.

In den warmen Sommermonaten empfiehlt es sich, den Lagerraum für Kartoffeln, Gemüse und Obst vorzubereiten. Ein frischer Kalkanstrich und die gründliche Reinigung der Gestelle bieten beste Voraussetzungen für gesunde Wintervorräte.

SPÄTSAATEN FÜR DIE HERBST- UND WINTERERNTE

Nicht nur, was die Lagerräume angeht, sondern auch bei der Bestellung der Saatreihen und Beete sorgen wir nun schon für das Spätjahr vor. Neben den bereits gepflanzten Spätkohlarten gibt es einige weitere Gemüse und Salate, die teils auch noch im Winter Frisches und Vitamine liefern. Zuckerhut, Fleischkraut, Blatt- oder Salatzichorie sind alles Namen für einen Wintersalat, der auch als leichtes Gemüse zubereitet werden kann. Die Aussaat erfolgt an Ort und Stelle, am besten auf ein abgeerntetes Erbsen- oder Bohnenstück. Wenn nötig, verziehen Sie gleich nach dem Aufgehen auf 10 – 15 cm; dann erhalten Sie feste, geschlossene Köpfe. Bei weiterem Stand bleiben die Köpfe locker, ähnlich wie beim Endiviensalat. Bodenbedeckung und eine leichte Brennesselspritzung fördern die Blattentwicklung.

Vom Chinesischen Kohl bzw. Chinakohl können wir Blätter und Stengel als Gemüse und Salat bis in den Winter hinein verwenden. Wir säen ihn dünn auf ein frei gewordenes Leguminosen-, Spinat- oder Kohlrabistück. Die Nachbarschaft von Buschbohnen sowie ab und zu eine Brennesselspritzung wirken sich wie beim Zuckerhutsalat günstig aus.

Weitere Saaten im Juli sind: Spinat für die Herbsternte, z.B. die schnell wachsende Sorte 'Universal'; Winterrettich mit den Sorten 'Münchener Bier' und 'Langer Schwarzer'.

NACH DER ERNTE: BEEREN-STRÄUCHERSCHNITT

Jetzt wird überall im Garten fleißig geerntet. Die Stachelbeeren sind meist schon verwertet, die schwarzen Johannisbeeren zu Saft oder Gelee verarbeitet, und die roten lassen wir uns als Grütze oder Marmelade schmecken. Nach der Beerenernte kann mit dem Schnitt der Sträucher begonnen werden. Das ist sogar zweckmäßiger, als bis zum Winter zu warten, denn bei noch belaubten Gehölzen sehen wir besser, wie weit

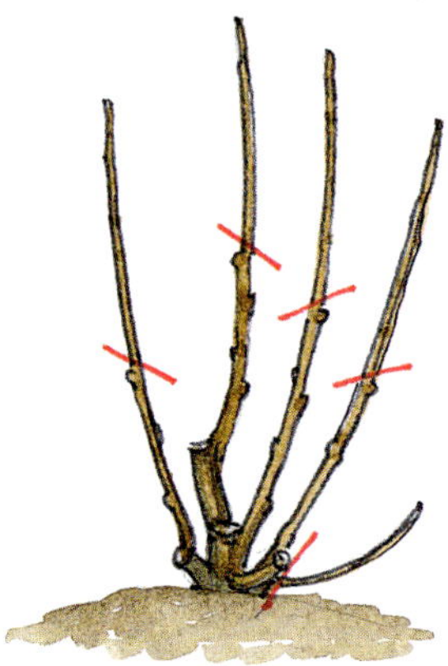

Sträucherschnitt: Nach dem Entfernen überalterter Äste nimmt man das junge Holz – je nach Wuchsstärke – um etwa zwei Drittel zurück.

auszulichten ist. Außerdem läßt sich den Blättern ansehen, ob Triebe oder Äste erkrankt oder abgestorben sind, und sie können ganz oder bis auf gesunde Verzweigungen zurückgenommen werden. Während des Winterhalbjahres können wir an den unbelaubten Trieben solche Erkrankungen nicht mehr ohne weiteres erkennen. Als Grundregeln für den Schnitt gelten:

- Starkwüchsige Sträucher werden nur mäßig zurückgeschnitten. Das Längenwachstum der Triebe im nächsten Jahr wird so gebremst, der Blütenansatz dagegen gefördert, da Johannis- und Stachelbeeren an zwei- und dreijährigem Holz tragen.
- Umgekehrt müssen schwachwüchsige Sträucher stärker zurückgeschnitten werden, damit die Kraft des Strauches konzentrierter in die neuen Triebe gelangt und der Wuchs kräftiger wird.
- Beim Einkürzen der Triebe müssen wir beachten, in welche Richtung die Knospen weisen. So können wir vermeiden, daß sich die künftigen Triebe im nächsten Jahr überschneiden, und sie statt dessen in vorhandene Lücken weisen oder einfach nach außen lenken. Allgemein wird das junge Holz um zwei Drittel seines Wuchses verkürzt.

Bei Sträuchern werden in der Regel ein bis zwei alte Äste entfernt, um Platz für die neuen Triebe zu schaffen, von denen zwei bis drei kräftige und gut plazierte stehen bleiben. Entspringen mehrere Triebe aus einem Auge, müssen alle bis auf den kräftigsten weichen; dasselbe gilt für sich kreuzende und zu tief wachsende Triebe. Selbstverständlich schneiden wir auch alles abgestorbene und bei der Ernte abgeknickte Holz weg, ebenso stark verlauste Triebe. An Sträuchern, die vom Amerikanischen Stachelbeermehltau befallen waren, müssen alle eingetrockneten Triebspitzen entfernt und vernichtet werden, weil darin der Pilz überwintert.

Im Klostergarten werden die Ausläufer für neue Erdbeerpflanzungen wohlweislich sehr sorgfältig ausgewählt.

ERTRAGREICHE ERDBEERPFLANZUNG IN MISCHKULTUR

Der Juli und die erste Augusthälfte ist die beste Zeit, eine Erdbeerpflanzung neu anzulegen. Sofort nach der Pflanzung beginnt nämlich die Bewurzelung, die im noch warmen Boden um so schneller vor sich geht. Danach kommt die Phase der Bestockung, die vier bis sechs Wochen in Anspruch nimmt. Je weiter diese bei einbrechendem Winter fortgeschritten ist, um so größer wird der Ertrag im kommenden Jahr sein. Je später also gepflanzt wird, um so geringer ist die Ernte.

Schon bestehende Pflanzungen müssen wir ebenfalls nach der Ernte säubern, das heißt, alle Ausläufer werden abgenommen. Falls bereits eine gute, angepaßte Sorte in Ihrem Garten steht, können Sie durch die Ausläufer Ihren Bedarf an neuen Pflanzen selbst decken. Wählen Sie dafür jedoch nicht die sehr frühen Ausläufer, denn erfahrungsgemäß beginnen gerade die am reichsten tragenden Mutterpflanzen am spätesten mit der Rankenbildung. Pflanzt man Ende Juli/Anfang August, ist der Ertrag im nächsten Jahr 30–40 % höher als bei Septemberpflanzung.

Wir pflanzen die gut bewurzelten Ausläufer in Abständen von 30–40 cm in der Reihe. Von Reihe zu Reihe hat sich ein Abstand von 1 m bewährt, der Zwischenpflanzungen bis in den Winter hinein ermöglicht. Drei Jahre kann eine gut gepflegte Erdbeeranlage am gleichen Platz stehen.

Im Hausgarten werden nun die alten und neuen Pflanzungen gut gelockert

und mit nährstoffreichem Kompost versehen. Als ursprüngliche Waldpflanze, die zunächst reichlich Flachwurzeln bildet, muß die Erdbeere gut mit Humus versorgt werden, den wir auf den Boden aufbringen. Auf Kalk verzichten wir, den vertragen die Erdbeeren nicht.
Anschließend können Neueinsaaten und Pflanzungen von Herbst- und Wintergemüse folgen, falls nicht noch Lauch und Zwiebeln von der Frühjahrsbestellung her den Platz zwischen den Erdbeeren behaupten. Als Nachbarn für den Herbst und Winter eignen sich Winterkopfsalat, Gartenkresse, Spinat und vor allem Feldsalat. Letzterer gehört zu den Baldriangewächsen, deren Wirkstoff indirekt über das Regenwurmleben die Erdbeerkultur fördert.

Lauch ist ein guter Mischkulturpartner für Erdbeeren und wird meist im Frühjahr zwischen die Reihen gepflanzt.

AUGUST

THYMIAN – ZIEREND, DUFTEND, HEILEND

Der würzige Duft des Thymians ist aus dem sommerlichen Garten nicht wegzudenken, ebensowenig wie der Duft des Quendels oder Wiesenthymians aus der Sommerwiese. Von Mitte Mai/Juni bis in den Oktober hinein dienen seine hübschen rötlichen Blüten als Bienen- und Hummelweide. Zusammen mit Salbei wehrt er Schnecken ab und wird deshalb am besten mit anderen stark duftenden Kräutern, z.B. Ysop und Lavendel, als Randpflanzung eines Gemüse- oder Obstbeetes verwendet. Auch als Wegeinfassung macht sich dieser kleine Halbstrauch gut, nur müssen wir beim Pflanzen Rücksicht nehmen auf seinen Drang ins Weite. Thymian liebt Sonne und verträgt, ja bevorzugt sogar Trockenheit.
Anfangs ist es am einfachsten, beim Gärtner einige Jungpflanzen zu besorgen und diese in 25–30 cm Abstand am geeigneten Platz zu setzen. In den folgenden Jahren können wir aufgrund ihres Blütenreichtums leicht Samen für eine neue Aussaat gewinnen, außerdem lassen sich die Stöcke durch Teilen vermehren. Wir ernten Blüten und Blätter, und zwar im ersten Jahr nur wenig, dann jährlich zwei- bis dreimal – allerdings nicht über den August hin-

Ein sonniger, trockener Platz, z. B. im Steingarten, ist für den Thymian genau das richtige.

aus, sonst kommen die Stöcke geschwächt in den Winter und erfrieren dann leicht. Eine Winterdecke ist notwendig. Nach jedem Schnitt streuen wir Kompost auf den Boden und gießen mit Brennesseljauche, jedoch nicht bei sonnigem Wetter. Im vierten Jahr geht die Ernte zurück, und länger als fünf Jahre sollten die Kulturen nicht gehalten werden.
Thymian kann frisch und getrocknet verwertet werden. Für den täglichen Bedarf, z. B. zum Würzen von Rohkostspeisen, Salaten oder Fischgerichten, holen wir uns einige Blättchen und schneiden sie sehr klein. Für den Winterbedarf in Küche und Hausapotheke trocknen wir das ganze Kraut, das nie zu tief am Boden geschnitten werden sollte.

DÜNGESTOP BEI GEMÜSE UND BLUMEN

Alle Pflanzen, die kurz vor der Ernte stehen, brauchen und erhalten prinzipiell keine Düngung mehr. Aber auch die sogenannten Wintergemüse – dazu zählen Grünkohl, Rosenkohl, Winterwirsing, Zuckerhut (bedingt frosthart), Winterrettich und andere – dürfen nur noch mit Einschränkungen gedüngt werden: Stickstoffhaltigen Dung sollten sie im August/September nicht mehr bekommen, weil dann sowohl ihre Standfestigkeit als auch Frosthärte und Geschmack leiden. Das gilt auch für biologische Dünger, nährstoffreichen Kompost oder Brennesseljauche. Der „Stickstoff-Stop" betrifft ebenso die Stauden sowie die Obst- und Ziergehölze.
Kalium und Magnesium dagegen können wir ohne weiteres auch im Herbst ausbringen, weil gerade diese Stoffe die erwünschten Eigenschaften der Wintergemüse und die Frosthärte von Rosen und Stauden fördern. Sehr armen Böden kann man diese Mine-

im organischen Material gebundene Stickstoff freigesetzt und in Nitrat umgewandelt. Dieses unterliegt der Auswaschung, solange kein Bewuchs da ist, der es bald über die Wurzeln aufnehmen kann – so geht es den Pflanzen verloren und belastet statt dessen das Grundwasser. Jauchereste werden deshalb fürs nächste Frühjahr aufgehoben. Es schadet nichts, wenn sie im Winter einfrieren und wieder auftauen. Auf diese Weise steht auch gleich im nächsten Jahr Flüssigdünger für die jungen Pflänzchen bereit, wenn es noch keine frischen Kräuter zum Ansetzen der Jauche gibt. Überschüssiges Nitrat, das von reichlich gedüngten Kulturen noch im Boden ist, wird nun durch Gründüngungspflanzen gebunden. Darum nehmen wir auf abgeernteten Flächen Gründüngungseinsaaten vor, solange es eben möglich ist.

Das üppige Blühen und Gedeihen im Spätsommer sollte nicht dazu verleiten, nochmals kräftig stickstoffhaltigen Dünger zu verabreichen.

ralsalze durch Kalimagnesia zuführen. In den meisten Fällen genügt es, Steinmehl und Holzasche einzuarbeiten.

Abgeerntete Flächen sollten Sie im Herbst ebenfalls nicht mit Stickstoffträgern versorgen. Andernfalls würde in milden Wintern und vor allem im Frühjahr von den Bodenbakterien der

ERNTEREIFE BEI ZWIEBELN UND KNOBLAUCH

Manchmal hört man die fragwürdige Empfehlung, die Zwiebelschlotten im Spätsommer umzuknicken, um die Reife zu beschleunigen. Man erreicht dadurch nur das Gegenteil! Die Reife wird verzögert und der Ertrag gemindert. Die Zwiebeln werden dadurch nur zu neuem Wachstum angeregt, indem sie bestrebt sind, das niedergedrückte Kraut wieder in die alte Lage zu bringen. Da dies unmöglich ist, treiben sie neue Schlotten. Wir sollten der Natur nicht gewaltsam vorgreifen. Es genügt schon, wenn Sie die Wasseraufnahme der Wurzel unterbinden, indem Sie die Pflanze im Boden lockern, so daß die Mehrzahl der Wurzeln abgerissen wird. Notgedrungen müssen dann die Zwiebeln einziehen. Um die gleiche Zeit beginnt auch das Knoblauchkraut abzusterben, und wir können laufend bis in den Oktober hinein die welken Pflanzen herausziehen.

Zum Zopf gebunden und luftig aufgehängt – so trocknet Knoblauch am besten.

Wir flechten sie zu Zöpfen und hängen sie an einem luftigen, gegen Wetter geschützten Ort zum Trocknen auf.

SÄEN UND PFLANZEN IM SPÄTSOMMER

Winterspinat, in der ersten Augusthälfte – sehr dünn – gesät, kann oft vor dem Einwintern noch einen späten Schnitt vertragen. Herbstrüben müssen in der ersten Augustwoche gesät werden; streuen Sie die Samen ebenfalls dünn und breitwürfig aus. Die beste Sorte für den Herbstanbau sind die bewährten 'Teltower Rübchen'. Vor Erdflöhen schützt Salat- oder Bohnennachbarschaft. Geerntet wird dann ab Oktober.
Auch Winterzwiebeln sät man so dünn wie möglich. Wir empfehlen, vor der Aussaat das Land regelrecht festzutreten, um es danach nur noch mit dem Rechen saatfertig zu planieren; auch die Erde über den Saatrillen dann gut festklopfen. Geeignete Sorten sind z. B. 'Stuttgarter Riesen' oder die winterharte 'Weiße Frühlingszwiebel'. Sie werden im Oktober mit 15 cm Abstand ausgepflanzt. Die sogenannten Winterheckzwiebeln liefern im Frühjahr das erste Grün. Zwiebeln können, aber müssen nicht in Rillen verpflanzt werden, wenn das Saatbeet geschützt liegt und wir mit etwas Tannengrün abdecken. Im Frühjahr säen wir dann Möhren dazwischen. Von den im Früh-

jahr ausgereiften Zwiebeln darf man keine sehr lange Lagerzeit erwarten.
Im August/September können Sie auch die Herbst- und Winterkohlsorten säen, z. B.: Weißkohl 'Marschländer Frühspitz Hz.', 'Delfter Spitzkohl', Aussaat nicht vor dem 15. August; Wirsing 'Allerfrühester Advent'; Blumenkohl 'Sperlings Gloria, Original', beste Aussaatzeit im September, 'Vedeslez Mont blanc', Aussaat bis in den Oktober. Alle überwinternden Kohlsetzlinge müssen möglichst trocken gehalten werden; bei Sonne unbedingt die Vorzuchtbeete lüften.
Ebenfalls im August/September erfolgt die Aussaat überwinternder Kopfsalatsorten wie 'Maiwunder', 'Winter Butterkopf', 'Winter Mombacher'. Im Oktober setzen wir die Pflänzchen in Rillen, die durch kleine Erdwälle gegen Nord- und Ostwinde geschützt sind. Schließlich muß Ende August bis Anfang September auch der Samen des Feldsalats in die Erde kommen. Um Platz für die Grüneinsaaten zu sparen, können wir ihn gut zwischen die Erdbeerreihen säen.
Wir können uns die Vorzuchtarbeit im Frühjahr erleichtern, indem wir im Herbst – möglichst in einem Vorzuchtbeet – Zwiebeln, Salat, Frühkohl und Schwarzwurzeln, vorziehen. Die kräftigsten Pflanzen nehmen wir heraus und setzen sie in tiefe Rillen, so daß zu beiden Seiten kleine Erdwälle entstehen. Die Rillen legt man üblicherweise am besten in Ost-West-Richtung an. Ist aber die Nordseite durch hohe Mauern oder Wald geschützt und dagegen die Ostseite dem Wind geöffnet, so sollten sie in Nord-Süd-Richtung laufen. Die Einsaaten werden mit Tannenreisig als Frostschutz bedeckt. Blumenkohl setzen wir besser in Töpfe und stellen diese über Winter unter Dach in einen frostsicheren, lüftbaren Raum. Sobald dann im Frühjahr die Tage milder werden, nehmen wir im Garten die Bodenbedeckung ab und pflanzen den Blumenkohl wieder ins Land.

Schwarzwurzeln und andere Frühgemüse kann man jetzt schon vorziehen und dann zum Schutz vor Witterungsunbilden in eine tiefe Rille setzen.

BEETVORBEREITUNG DURCH GRÜNDÜNGUNG

Mit der Vorbereitung des Bodens für das Säen und Pflanzen im Frühjahr beginnen wir schon im Sommer vorher, und zwar sobald wir die ersten Kulturen ernten. Sofern frei gewordene Flächen nicht für eine

Nachfrucht vorgesehen sind, säen wir Gründüngung ein, wo immer Platz ist. Zuvor wird der Boden mit der Grabgabel tief gelockert, gegebenenfalls von Unkraut gereinigt und leicht durchgegrubbert. Gemüsereste bleiben – mit Ausnahme der Kohlstrünke – auf dem Land und verrotten dort. Haben wir dann die Gründüngung eingesät, wäre die sonst durch das übliche Umgraben so anstrengende Herbstarbeit erledigt. Wo für das nächste Jahr Starkzehrer vorgesehen sind, sollten Sie als Gründüngung bevorzugt **Leguminosen** verwenden. Sie vermögen durch ihre Wurzelknöllchen in enge Gemeinschaft (Symbiose) mit Bakterien (Knöllchenbakterien) zu treten, die den Luftstickstoff binden und so den Boden mit Stickstoff anreichern. Geeignete Pflanzen sind Klee oder Kichererbsen auf besserem, Lupinen, Sommer-, Winter-, auch Zottelwicke auf ärmerem oder sandigem Boden. Die Leguminosensaat friert über Winter ab, die Wurzelreste werden im Frühjahr flach in den Boden eingearbeitet.

Für Beete, die erst Ende April oder Anfang Mai bestellt werden, ist der **Senf** eine geradezu ideale Vorfrucht für jede Kultur. Senfsaat keimt so leicht und rasch wie Kresse, bedeckt in kurzer Zeit das Land, unterdrückt dadurch stark das Unkraut, lockert und schließt den Boden auf, wirkt durch die feine Schwefligkeit des Senföls bodengesundend und hält sogar Schnecken ab. Der schützende grüne Teppich verhindert, daß der Boden austrocknet, abschwemmt oder durch kräftige Regengüsse strapaziert wird, und läßt vor allem auch kein Unkraut hochkommen.

Neben Samen einzelner Pflanzen werden auch Gründüngungsmischungen angeboten.

Eine Senfeinsaat stört nie; wenn die Fläche bepflanzt oder besät werden muß, kann Senf ohne große Mühe in jedem Wachstumsstadium entfernt werden, mit der Hand oder einer leichten Ziehhacke. Die Senfpflänzchen ergeben dann ein leichtes Bedeckungsmaterial, das rasch verrottet. Auch den ganzen Sommer über können Sie jede Gartenfläche, die länger

Sonnenblumen können flächig als Gründüngung oder zwischen den Gemüsepflanzen wachsen.

als drei Wochen unbebaut liegen bleibt, sofort mit Senf einsäen. Besonders empfehlen wir diese Senfeinsaat für brachliegende Flächen während der Urlaubszeit. Das Beet ist in Kürze grün, und der lästige Unkrautwuchs wird verhindert. Die Senfsamen werden einfach breitwürfig gesät und oberflächlich eingerecht.

Auch **Winterroggen**, den Sie noch bis in den Dezember hinein säen können, Winterraps oder eine winterharte Spinatsorte schützen den Boden und sorgen für Grünmasse als Bedeckung. Winterroggen und Raps empfehlen sich besonders auf schweren Böden. Im kommenden Frühjahr werden die Pflanzen geschnitten und als Mulch oder Kompostmaterial verwendet. Die Wurzelreste brauchen Sie nur oberflächlich in den Boden einzuarbeiten.

Im übrigen sorgen auch **Blumen**, die zwischen dem Gemüse wachsen dürfen, dafür, daß der Boden nicht einseitig ausgelaugt wird und keine Bodenmüdigkeit auftritt. Gerade die Sonnenblume wirkt mit ihrer Wurzel günstig auf den Boden ein. Deshalb wird sie oft zur Gründüngung eingesetzt. Allerdings ist es für eine Sonnenblumeneinsaat schon reichlich spät. Nur auf sehr warmen Böden keimt sie noch nach dem 15. August und entwickelt noch genug Grün, um den Boden über Winter zu bedecken.

Die nahende Ernte im Obstgarten versüßt den allmählichen Abschied vom Sommer.

OBSTERNTE UND -PFLEGE

Auch im Obstgarten tun wir gut daran, nun noch Gründüngungspflanzen einzusäen, im Spätsommer bis zum Herbst vor allem Winterwicke oder Winterraps. Fruchtschwere Äste müssen abgestützt werden. Um dabei die Rinde nicht zu verletzen, legen wir ein Büschel Heu oder Stroh zwischen Stützbügel und Ast. Diese Büschel werden gleich nach der Ernte verbrannt oder bei entsprechender Hitze im Komposthaufen verbaut wegen der Insekten, die darin Unterschlupf gesucht haben. Die Gefahr von Astbruch läßt sich allerdings auch durch klugen Baumschnitt und richtiges Auspflücken der Früchte vermeiden, was eine künstliche Stütze überflüssig macht.

In diesem Monat reifen bereits frühe Apfel- und Birnensorten wie 'Klarapfel' und 'Bunte Junibirne', auch die frühen Pflaumen, Zwetschgen und Mirabellen sind bald reif. Das Frühobst muß rechtzeitig geerntet werden. Ist die Frucht reif, bricht der Stiel sofort am Fruchtkuchen ab; bricht aber der Stiel in sich, so ist es zu früh. Am sichersten gehen Sie bei einer Kostprobe; gutes Aroma und gebräunte Kerne zeigen die Pflückreife an. Wir raten, Obst nie abzuschlagen oder abzuschütteln, sondern sorgfältig die Früchte einzeln in mit Sackleinen oder Wellpappe ausgepolsterte Körbe zu pflücken. Frühobst ist nicht lagerfähig, es muß daher bald verbraucht werden. Erntet man zu spät, werden die Früchte leicht teigig,

Links:
Vorzeitig abfallende Äpfel sollten auf Befall durch die Larve des Apfelwicklers geprüft werden.

mehlig und schmecken fad. Finden wir trotz vorbeugender Spritzungen moniliakranke Früchte, müssen sie ausgepflückt werden. Am sichersten vernichten wir sie durch Verbrennen. Ein Befall ist an dem perlartigen, weißgelblichen Polsterschimmel erkennbar. Bei Äpfeln im Lager tritt die Krankheit meist in Form sogenannter „Mohrenköpfe" auf, die Früchte sind braunschwarz und lederartig. Monilia-Fruchtfäule kommt bei allen Obstarten vor, in nassen Jahren besonders häufig. Die Ansteckungsgefahr ist ungeheuer groß. Einseitige Stickstoffdüngung verstärkt das Risiko, außerdem jede Beschädigung der Fruchthaut.

Mit einem Aufguß von frischen Meerrettichblättern, stark konzentriert und zeitig angewandt, können wir den Schaderreger eindämmen. Wir übergießen die frischen Blätter mit kochendem Wasser, so daß sie gerade bedeckt sind. Dann rühren wir das Ganze ca. 1/4 Stunde gut um, verdünnen 1:4 und spritzen sofort aus. Auch Wasserglasspritzungen haben schon gute Erfolge gezeigt. Nach dem Auspflücken kranker Früchte sollte man unbedingt eine zusätzliche Spritzung einschalten, die vor allem dem Lagerobst zugute kommt.

Neben der Fruchterkrankung gibt es auch Zweigmonilia, die sogenannte Spitzendürre, an Sauerkirschen und Pflaumen. Schon während der Vegetationszeit welken plötzlich junge Triebe, Blätter und Blüten, sie verfärben sich braun. Sobald Sie dessen ansichtig werden, müssen Sie die Triebe weg- oder zurückschneiden, und zwar 15–20 cm ins gesunde Holz.

Ebenso entfernt werden mehltaukranke Triebe an Apfelbäumen. Gegen Mehltau an Kernobst nehmen wir jetzt auch Schachtelhalmspritzungen vor, die zudem die reifenden Früchte vor Schorf schützen. An warmen Tagen durchgeführte Spritzungen mit Rainfarn- und Wermutbrühe verwirren den Apfelwickler und hindern ihn an der Eiablage. Befallene Früchte reifen schneller und fallen vorzeitig ab. Man sollte sie bald auflesen und vernichten oder verarbeiten, um die Larve, die sich noch im Innern befindet, unschädlich zu machen.

SEPTEMBER UND OKTOBER

SEPTEMBER

SONNENBRAUT – GELBES LEUCHTEN BIS ZUM HERBST

Wie mächtige Blumensträuße erscheinen die Büsche der Sonnenbraut *(Helenium autumnale)* im Hochsommer und Herbst in den Rabatten. Sie blühen von etwa Mitte Juni bis September. Ihr deutscher Name kennzeichnet die Pflanzen als Gefährtinnen des Sonnenscheins, in dem ihre warmen Farben – gelbe, kupfrige und rotbraune Töne – erst richtig zur Geltung kommen. Sie harmonieren gut mit allen anderen Blütenfarben und sind sehr dankbare Schnittblumen. Besonders schön wirken sie im Verein mit blaublühenden Stauden wie Rittersporn und Salbei oder auch zusammen mit roten Sorten von Flammenblume *(Phlox)*, Indianernessel und Herbst-

Sonnenbraut erfreut das Auge mit schönen, warmen Tönen, die auch mit vielen Farben der Herbstaster harmonieren.

aster. Wer die fröhliche Anmutung gelber Blütenfülle liebt, kann die Sonnenbraut auch mit Sonnenhut oder Sonnenblume kombinieren – so ergibt sich eine überaus „sonnige" Blumengemeinschaft.

Als bewährte Staude des traditionellen Bauerngartens paßt die Sonnenbraut gut in den Nutzgartenbereich und sorgt z. B. am Rande des Gemüsegartens für leuchtende Akzente. Einige Arten eignen sich auch zur Pflanzung im Wildgarten, vor allem *Helenium hoopesii*, da diese Pflanzen noch völlig ihren Naturwuchs beibehalten haben und allen Bemühungen der Züchter, eine Kulturpflanze aus ihnen zu machen, widerstanden.

Vermehren können Sie die Sonnenbraut, indem Sie im Herbst oder Frühjahr starke Grundrosetten abtrennen und ins Anzuchtbeet pflanzen. Für Kompostgaben ist die Staude sehr dankbar. Anhaltende Trockenheit verträgt sie schlecht, vor allem im Hochsommer sollte des öfteren die Gießkanne zum Einsatz kommen. Hochwüchsige Sorten sind nicht immer standfest und werden am besten mit einer Stütze versehen und aufgebunden. Für die Vase schneiden wir die Stiele der Sonnenbraut, wenn die Knospen noch nicht aufgeblüht sind, dann halten die Blumen am längsten.

Neben Beet- und Vasenschmuck bietet die Sonnenbraut noch einen weiteren Vorzug: Sie dient als Futterpflanze für Bienen und andere Insekten und ist während ihrer lang andauernden Blütezeit reich umschwärmt.

PFLEGE UND ERNTE IM GEMÜSEGARTEN

Spät- und Winterkohl sowie Lauch werden angehäufelt und bis zur Ernte nach Bedarf im Garten gelassen. Wer in wärmeren Gegenden wohnt, kann jetzt Möhren säen, was nicht nur den Vorteil einer zeitigeren

Lauch wird nun angehäufelt, kann nach Bedarf beerntet werden und ansonsten bis zum Winter auf dem Beet bleiben.

Frühjahrsernte bringt, sondern auch jeden Befall durch die Möhrenfliege ausschließt, die erst ab Juni unterwegs ist. Eine leichte Bodenbedeckung über Winter ist ratsam. Auch unter weniger günstigen Klimaverhältnissen läßt sich das Auftreten des Schädlings an den ersten Möhren vermeiden, indem wir eine Dezembersaat vornehmen, wie sie im entsprechenden Monatskapitel näher beschrieben ist. Durch eine zuvor ausgebrachte Mulchdecke am dafür vorgesehenen Platz bleibt der Boden auch bei niedrigen Temperaturen besäbar. Aufgrund der Kälte laufen die Samen nicht auf, sind aber gut im Boden verwahrt, um dann etwa vier Wochen früher zu keimen als bei üblicher Aussaat.

Bei den Zwiebeln ist nun die Erntezeit gekommen. Wir ziehen sie heraus und lassen sie bei trockenem Wetter zum „Abschwitzen“ einige Tage auf dem Land stehen. Dann suchen wir geeignete Steckzwiebeln für das nächste Jahr heraus und machen sie ebenso wie die Zwiebeln für die Küche lagerfähig. Zwiebeln dürfen nicht aufeinander gelegt werden. Wir bündeln sie oder flechten sie zu Zöpfen und hängen dann das Erntegut an einem trockenen, wettergeschützten Ort auf. Für das spätere Einwintern von Wurzelgemüse besorgen wir jetzt Sand oder gut sandige Erde und schaffen dieses Einschlagsmaterial in den Lagerraum, der gut lüftbar sein sollte.

Erfahrungen im Klostergarten haben gezeigt: Nach Ausreißen und Aufhängen der gesamten Pflanze reifen grüne Tomaten am besten nach.

WAS TUN MIT GRÜNEN TOMATEN?

Wenn der erste Nachtfrost droht, pflücken wir alle einigermaßen ausgewachsenen Tomaten, selbst wenn sie noch grasgrün sind, oder schneiden – noch günstiger – die Fruchttrauben als Ganzes ab. Sie werden dann luftig, trocken und frostfrei zum Nachreifen über einen Draht gehängt. Als allerbeste Lösung hat es sich sogar erwiesen, die ganzen Pflanzen auszureißen und zum Nachreifen mit den Wurzeln nach oben aufzuhängen, wenn dafür genügend Platz zur Verfügung steht. Denn so reifen die grünen Tomaten hervorragend.

Wer sie aber einzeln abpflücken muß, sortiert zunächst die gelb werdenden oder sich bereits leicht rötenden Früchte aus. Diese reifen in der Regel sehr schnell nach, wenn Sie sie warm und trocken irgendwo ausbreiten. Die völlig grünen Früchte können Sie entweder einzeln in Seidenpapier wickeln und dann in einen Karton packen oder ausgebreitet mäßig warm und im Halbdunkel (nicht in der Sonne!) aufbewahren. Wer Verluste durch Fäulnis befürchtet, kann sie auch süßsauer wie Delikateßgurken einlegen oder mit Zucker sogar Konfitüre davon kochen.

SPÄTSAATEN: VITAMINE FÜR DIE KALTE JAHRESZEIT

Wenn Sie im Herbst und Winter noch junges Grün aus dem eigenen Garten ernten möchten, müssen Sie spätestens im September aussäen. Natürlich eignen sich für eine solche Spätaussaat nur schnellwachsende Gemüse oder solche, die frosthart sind und im Winter und Frühjahr geerntet werden. Wir empfehlen eine Mischkultur aus Feldsalat, Radieschen und Gartenkresse, wobei der Feldsalat jeweils zwischen Radieschen und Gartenkresse steht. Je nach Bedarf können Sie die Reihenfolge Feldsalat – Radies – Feldsalat – Kresse – Feldsalat – Radies beliebig fortsetzen.

Wer auf engem Raum erfolgreich ernten will, muß natürlich den Boden mit gutem, nährstoffreichem Kompost versorgen, der oberflächlich eingeharkt wird. Es sei denn, diese Mischkultur wird auf einem Beet angelegt, das noch genug Nährstoffe und Kompost von der abgeernteten Kultur enthält. Vom Feldsalat nehmen Sie am besten zunächst nur einzelne Rosetten, dies auch erst im Winter. Der Rest bleibt bis zum Frühjahr auf dem Land und kann dann als besonders wohlschmeckender, vitaminreicher Salat geerntet werden.

Auch Spinat eignet sich sehr gut für Spätaussaaten. Wir bauen ihn entweder in Mischkultur mit einer der oben genannten Gemüsearten an oder in mehreren Reihen nebeneinander. Eine weitere Möglichkeit ist die breitwürfige Saat als Gründüngung auf ein abgeerntetes Beet. Allerdings ist es für eine Herbsternte schon etwas spät, es sei denn, der September würde noch außergewöhnlich warm und sonnig. Aber auch dann empfiehlt sich ein

Spinat, der jetzt noch ausgesät wird, sollte erst im nächsten Jahr beerntet werden.

Schnitt kurz vor Wintereinbruch nicht mehr, die Gefahr, daß der Spinat über Winter ausfriert, wäre zu groß. Ansonsten wirken die Spinatpflänzchen als Schneefänger und schützen bis zur Ernte im Frühjahr den Boden. Sobald die Pflanzen gut aufgelaufen sind, häufeln wir sie für die Überwinterung leicht an, indem wir zwischen den Reihen eine Furche ziehen, die dann mit einem letzten Rasen- oder Grünschnitt gemulcht wird. Fehlt beides, so können wir auch Pflanzenabfälle und Unkräuter ohne Samen verwenden. Setzt dann der starke Frost ein, legen wir Tannenreisig über die Pflanzenreihe.

Im Topf auf der Fensterbank liefern Petersilie und Schnittlauch den ganzen Winter über frisches Grün.

SCHNITTLAUCH UND PETERSILIE FÜR DEN WINTER

Im September/Oktober wird Schnittlauch eingetopft, damit wir im Winter stets das eisenhaltige, blutbildende Grün zur Verfügung haben. Am besten nehmen Sie von Pflanzen, die nicht gerade geschnitten worden sind, einige Ballen heraus, lassen sie kurze Zeit abtrocknen und pflanzen sie in Kästen oder Töpfe mit kompostgedüngter Erde. Legen Sie, um das Wachstum anzuregen, die Wurzelballen am Vorabend der Pflanzung einige Minuten in warmes Wasser. In einem frostfreien, hellen Raum wird der Schnittlauch dann gut gedeihen.
Um dieselbe Zeit können wir die Blattpetersilie eintopfen und ins Haus nehmen. Am Fensterbrett wird uns so den ganzen Winter hindurch frisches Grün geboten. Um Petersilie wie Schnittlauch frisch und grün zu erhalten, begießen wir sie des öfteren mit stark verdünntem Brennesselwasser oder geben von Zeit zu Zeit etwas Brennesseltee in das Gießwasser.

NEUPFLANZUNGEN VON OBSTBÄUMEN VORBEREITEN

Zunächst gilt es, den richtigen Standort für die Obstpflanzung zu wählen. Birnbäume gedeihen am besten in sonniger Lage und brauchen tiefgründigeren Boden als Apfelbäume. Bei sehr feuchtem Grund sollte man auf Erdhügel pflanzen. In der Regel ist eine Südostlage am günstigsten; Apfelbäume stehen noch recht gut in Nordlage. Einen Pflanzplatz in Südrichtung dagegen, der starker Sonneneinstrahlung ausgesetzt ist, sollten Sie vermeiden, um die Gefahr der Austrocknung zu mindern. Obwohl Licht und Luftbewegung nicht fehlen dürfen, sollten die Obstbäume keinesfalls starken Winden ausgesetzt sein. Allenfalls die Sauerkirsche verträgt einen etwas windigeren Stand. Wer noch wenig Erfahrung im Obstbau hat, sollte sich jemand suchen, der vor Ort berät, um Klima, Lage, Stand und Sorte in Übereinstimmung miteinander zu bringen.

Für Herbstpflanzungen werden nun die Baumlöcher ausgehoben. Wenn wir dabei auf eine undurchlässige Schicht stoßen, tun wir dem Boden besser keine Gewalt an. Zwingt uns nicht unbedingte Notwendigkeit, den Platz sofort für Obstbäume zu benutzen, schaffen wir zunächst durch vorübergehenden Gemüseanbau mit guter Humuswirtschaft oder durch Einsaat von Tiefwurzlern den entsprechenden Boden. Grüneinsaaten, wie in den Monatskapiteln „Mai“ und „August“ angegeben, vor allem Lupine oder noch durchdringender Weißer Stein- bzw. Bokharaklee *(Melilotus albus)*, schließen den Boden auf und bereiten ihn. Weißer Steinklee vergrämt auch die Wühlmäuse. Rigolen und pickeln sollten Sie nur im Notfall. Auch dann empfiehlt es sich nicht, sofort mit der Obstbaumpflanzung zu beginnen.

Birnbäume erhalten einen sonnigen, möglichst etwas geschützten Platz in Südostlage.

Vor dem Graben der Löcher werden die Pflanzabstände festgelegt. Hochstämme brauchen einen Abstand von ca. 10 m, Buschbäume bis 6 m, bei Spindelbüschen genügen 3–4 m. Bei nor-

Für Neupflanzungen wird bereits im September die etwa einen halben Meter tiefe Grube ausgehoben.

malen Bodenverhältnissen braucht die Pflanzgrube nicht tiefer als 50 – 60 cm zu sein. Die Breite bemessen wir so, daß das Wurzelwerk bequem darin Platz findet. In das Pflanzloch harken wir zwei bis drei Spaten voll ausgereifte Komposterde, der wir möglichst etwas Holzasche beigeben. Mit der gleichen Erde mischen wir den Aushub, der neben die Grube geschaufelt wurde. Dann werden Grube und Aushub mit Mulchmaterial abgedeckt (Grünschnitt, Kartoffel- oder Bohnenkraut, Laub und ähnliches). So bleibt dann alles liegen bis unmittelbar vor der Pflanzung im November.

PFLEGEARBEITEN IM OBSTGARTEN

Im September setzt wieder in verstärktem Maße die Wurzeltätigkeit der Bäume ein. Es hat sich als vorteilhaft erwiesen, zur Förderung des Fruchtansatzes für das kommende Jahr eine leichte Kompostgabe in den Boden einzuharken oder auch gut vergorene Brennesseljauche in 20facher Verdünnung in den Boden zu gießen. Jungbäumen geben wir allerdings nur etwas erdigen Lehm, um sie nicht unnötig zu treiben. Sowohl Kompost als auch Lehm können überdies noch als Bedeckung für den Boden dienen. Bei jeder Düngung streuen wir etwas Holzasche, falls verfügbar, und Algenmehl ein. Holzasche ist nicht nur eine Kalidüngung, sondern absorbiert auch schlechte Gase. Algenmehl – man bekommt es in vielen Gartengeschäften oder im Landhandel – bereichert den Boden mit allen notwendigen Mineralien und Spurenelementen und regt das Bodenleben an. Um in gefährdeten Lagen den Frühjahrsfraß der Frostspannerraupe zu verhindern, müssen wir jetzt die Leimringe für den Winter anlegen. Man erkennt den Schaden an den lochartig angefressenen jungen Blättern und an angenagten Jungfrüchten. Haben Sie dieses Schadbild im eigenen Garten nicht bemerkt, sollten Sie auf Leimringe verzichten, da ihnen auch Nützlinge zum Opfer fallen können. Wo es jedoch erforderlich ist, darf man mit dem Anlegen der Ringe nicht bis zum Frosteintritt, also bis Oktober, warten, denn der Große Frostspanner, der bereits im September ausfliegt, schadet ebenso wie der Kleine Frostspanner.

Nun ersetzen wieder Leimringe, oben wie unten stramm gebunden, die Wellpappestreifen.

Die im Februar angebrachten Wellpappestreifen nehmen wir ab und verbrennen sie sofort, den Stamm bürsten wir an dieser Stelle gründlich mit Farnkrautextrakt aus und legen den Leimring in Brusthöhe darüber. Er wird oben und unten stramm gebunden.

Jeder Obstbaum – außer Pfirsich – bekommt einen solchen Abwehrring, dessen Leim immer wieder erneuert werden muß. Vergessen Sie dabei nicht die Pfähle, die ebenfalls mit einem Ring versehen werden. Bei Buschbäumen befestigt man die Leimringe an den unteren Ästen.

OKTOBER

SPÄTJAHRESBLÜHER IM STAUDENGARTEN

Immer wieder fällt auf, daß in vielen Gärten kaum Herbstblüher zu sehen sind. Dabei gibt es viele attraktive Stauden, die im Spätjahr noch einmal Glanzpunkte setzen. Am schönsten unter ihnen sind vielleicht die Herbst- oder japanischen Anemonen *(Anemone japonica,* auch: *A. hupehensis)*. Sie haben fleischige Wurzeln und sollten deshalb nur im Frühjahr gepflanzt werden, an einen halbschattigen Platz.

Im Herbst müssen wir sie gegen Kahlfrost ohne Schnee vorsorglich mit einer schützende Decke aus trockenem Laub versehen. Die großen, lang gestielten Schalenblüten wiegen sich ab August bis in den Oktober hinein elegant im Wind. Sorten gibt es in den Blütenfarben Weiß, Rosarot, Dunkelrosa und Dunkelrot. Zur selben Zeit blühen: der Eisenhut *(Aconitum carmichaelii* und *A. wilsonii)* in Blau, die Silberkerze *(Cimicifuga acerina* und *C. simplex)* in Weiß, während das Christophskraut *(Actaea alba)* nach wenig auffälliger Blüte leuchtend weiße Beeren an roten Stielen zeigt. Diese Stauden vertragen recht viel Schatten, in der vollen Sonne gedeihen sie kaum. Etwas Schatten dulden auch die polsterartig wachsenden Hornveilchen

Am halbschattigen Platz entfaltet die Herbstanemone bis in den Oktober hinein ihre wunderschönen Blüten.

(Viola cornuta), die vom Mai bis in den Herbst hinein unermüdlich ihre blauvioletten Blüten entfalten.
Sonnenkinder dagegen sind die niedrigen goldgelben Rudbeckien *(Rudbeckia fulgida* 'Goldsturm'), ebenso die Kokardenblume *(Gaillardia*-Hybriden) mit warmen Braun-, Rot- und Gelbtönen und die Sonnenbraut, die bereits im Septemberkapitel ausführlich vorgestellt wurde. Sie alle blühen ununterbrochen bis in den Oktober hinein neben den hohen Herbstastern, den niedrigen Kissenastern und den Winterastern in vielen Farbsorten. Schließlich können wir uns auch bei einigen anderen Stauden wie Lupinen, Polsterphlox und Nelkenwurz *(Geum*-Hybriden) an einer späten Blüte erfreuen, wenn wir durch einen Rückschnitt nach dem Sommerflor für eine Nachblüte im Herbst sorgen.

JETZT BUNTE STAUDENBEETE ANLEGEN

Die beste Pflanzzeit für die meisten Stauden ist die zweite Hälfte des Oktobers, wenn der Boden noch warm und nicht zu feucht ist. Deshalb sollten Sie nötige Bestellungen so frühzeitig aufgeben, daß die gewünschten Pflanzen bis spätestens Ende Oktober geliefert werden. Ist das nicht gewährleistet, wäre eine Frühjahrspflanzung vorzuziehen, das heißt, die Bestellung so einzurichten, daß erst im Frühjahr geliefert wird. Im Herbst können Sie in diesem Fall bereits die Planung und Bodenvorbereitung durchführen.

Pflanzenzahl und Beetanlage

Die Anzahl der benötigten Pflanzen ergibt sich aus der Größe des Beetes. Für 1 m^2 rechnet man im Durchschnitt fünf bis sechs Pflanzen. Daß kräftig wachsende Arten einen größeren Abstand brauchen als schwachwüchsige, ist selbstverständlich. Sollen verschiedene Sorten einer Art als Gruppe zusammenstehen, können wir dichter pflanzen.

Grenzt das Beet mit einer Seite an einen Hintergrund (Hauswand, Spalier), setzen wir die höheren Pflanzen nach hinten, die niedrigen nach vorn. Außerdem sollte ein Abstand von 50 cm zwischen Hintergrund und Rabatte eingerechnet werden, um später Pflegearbeiten zu erleichtern. Freiliegende Beete werden entsprechend so angeordnet, daß die höchsten Stauden in der Mitte und nach den Seiten hin die niedriger wachsenden zu stehen kommen, um eine harmonische Gesamtwirkung zu erzielen.

Darstellung von Weißdorn in altem Pflanzenbuch

Bodenvorbereitung und Pflanzung

Der Boden des Staudenbeetes wird tiefgründig gelockert und mit reifem Kompost versorgt. Ist das vorgesehene Beet mit Gras bewachsen, müssen wir umgraben. Bewährt hat sich dabei, die Soden vorher vorsichtig abzustechen und eventuell an einer anderen Stelle wieder einzusetzen. Anschließend wird auch dort guter Kompost ausgebracht und in den Boden eingearbeitet.
Um einen Überblick zu haben, verteilen wir nun die Pflanzen auf das Beet, jeweils an die geplante Stelle. Danach beginnen wir mit dem Ausheben der Pflanzlöcher. In der Regel genügt dafür eine Pflanzschaufel. Nur für sehr große Gewächse, die meist in Containern geliefert werden, ist ein Spaten nötig. Jede Pflanze stellen wir so in das Loch, daß die Wurzeln senkrecht nach unten stehen oder gleichmäßig in der Pflanzgrube ausgebreitet werden können. Dann füllen wir einen Teil der Erde ein und gießen gut an. Anschließend wird die restliche Erde aufgefüllt und gut angedrückt. Bei größeren Stauden können wir sie auch mit dem Fuß antreten, doch nicht zu fest. Die Pflanzen werden so eingesetzt, daß sie höchstens 2 cm tiefer stehen als an ihrem früheren Standort. Bei Pflanzen in Containern oder Töpfen bestimmt die Oberkante des Topfes die Tiefe. Haben wir es mit Stauden ohne Triebe zu tun, also mit knolligen Wurzelstöcken mit ruhenden Knospen, wie z. B. bei der

Nach dem Vorbereiten der Beetfläche werden die Pflanzen so verteilt, wie wir sie nachher einsetzen wollen. Das schafft einen guten Überblick, wir können dann noch vorgesehene Pflanzorte und Abstände korrigieren.

Pfingstrose, pflanzen wir so tief, daß sich die Knospe 1–3 cm tief unter der Erde befindet. Zu tief gepflanzte Stauden wachsen oft schlecht an und treiben auch nicht gut aus.

Viele Gattungen und Arten zeigen bis in das Frühjahr hinein noch kein neues Wachstum. Es ist deshalb vorteilhaft, den Standort jeweils durch ein Etikett zu kennzeichnen, das entweder in den Boden gesteckt oder an einem Holzstab befestigt wird. Das hat sich besonders bewährt, wenn man im Frühjahr noch andere Stauden zwischenpflanzen will.

ZEIT FÜR DIE ROSENPFLANZUNG

Jetzt ist der beste Termin, um Rosen zu pflanzen; Sie können dies allerdings auch im Frühjahr nachholen. Den Platz im Garten sollten Sie so wählen, daß die Stöcke nach Nord und West gut geschützt sind. Rosen lieben Luftzirkulation, reagieren aber empfindlich auf starke Winde, Winterkälte und Trockenheit im Sommer. Zu schattig darf der Standort auch nicht sein; wenigstens ein paar Stunden am Tag sollte er in voller Sonne liegen, am besten vom Mittag bis zum Abend.

Wir nehmen einen normalen Spaten und graben die Pflanzgrube zwei Spatenstich tief (gut 45 cm). Wenn etwa eine Rosenwurzel verletzt oder abgebrochen ist, schneiden wir sie ab, ebenso kürzen wir die zu langen Wurzeln, damit sie sich natürlich ausbreiten können. Außerdem wird jedes Wurzelende frisch abgeschnitten, um die Faserbildung zu fördern. An diesen Schnittflächen bildet sich zuerst Kallus (Wundverschlußgewebe), der wiederum ein Netzwerk neuer Nährwürzelchen hervorbringt, als ob jede Wurzel ein Setzling wäre. Zudem raten wir, die Wurzeln nach dem Beschneiden in Lehm-Kuhdung-Brei zu tauchen. Das Pflanzloch soll, wie gesagt, so groß sein, daß die Wurzeln unbeengt und ohne sich zu verflechten Platz haben. Ein Kegel von guter Muttererde (mit den oben erwähnten Zugaben) auf dem Grund der Grube ermöglicht es den Wurzeln, sich darüber in ihrer natürlichen Anordnung auszubreiten, so daß sie wachsen können.

Beim Einsetzen der Pflanzen helfen wir etwas nach und ordnen die Wurzeln sorgfältig so, daß sie sich ausbreiten können. Dann füllen wir die feinkrümelige, humose Erde dicht um die Wurzeln herum und dazwischen, so daß keine Luftröhren entstehen (mit einem Stöckchen nachhelfen). Nach und nach drücken wir die Erde fester, bis das Loch zugeschüttet ist. Dann stampfen wir sie mit dem Fuß so fest wie möglich und füllen die entstandene Vertiefung mit Wasser. Wenn dieses eingegossen ist und der Boden sich nach ein paar Stunden gesetzt hat, wird das ganze Loch mit loser Erde

Die Pflanzgrube sollte so groß sein, daß die Rosenwurzeln bequem Platz finden. Die Veredelungsstelle kommt etwa 5 cm unter die Erdoberfläche. Ein Kegel guter Muttererde fördert das Wurzelwachstum, eine mit eingepflanzte Zwiebel soll den Rosenduft verstärken.

aufgefüllt, so daß nur etwa die letzten 15 cm der Pflanze unbedeckt bleiben. Nach ein bis zwei Tagen, wenn sich die Erde gesetzt hat, wird nochmals gründlich gewässert und bei Frostgefahr eine Mulchdecke (Strohmulch) aufgebracht, um zu verhindern, daß der Boden sich hebt.

Pflanzen Sie die Rosen nicht zu tief, nur etwas tiefer, als sie in der Baumschule gestanden haben (durch Markierung am Stamm sichtbar). Veredelte Rosen setzen wir so ein, daß die Veredlungsstelle knapp bedeckt wird. Beachtenswert ist, daß Rosen sich gesünder und kräftiger entwickeln, wenn sie recht dicht gepflanzt werden, mit ca. 35 cm Abstand, denn sie lieben Geselligkeit. So schützen sie sich nicht nur gegenseitig besser gegen Wind, sondern wachsen auch schneller empor, um das Sonnenlicht zu erreichen. Ein alter gärtnerischer Trick rät dazu, eine Zwiebel umgekehrt mit den Rosenwurzeln zu begraben. So soll sich ihr Duft verstärken. Vielleicht ist dies ja nur Einbildung. Vielleicht lohnt es sich aber auch, bei schwach duftenden Rosensorten einen Versuch zu machen.

NISTPLÄTZE FÜR VÖGEL VORBEREITEN

Bereits im Winter suchen viele Vögel Nistkästen zum Schutz gegen Kälte und Frost auf. Deshalb bringen wir nun schon Nistkästen

Mit dem Flugloch in Richtung der aufgehenden Sonne und leicht nach vorn geneigt aufgehängt: So helfen Nistkästen den gefiederten Gästen am besten.

an, falls der Garten noch nicht genügend zu bieten hat. Die Vögel gewöhnen sich so zudem schneller an ihre Brutstätten für das nächste Jahr. Aus demselben Grund müssen die Brutbehausungen jetzt auch gereinigt werden. Alte Vogelnester in Busch und Baum entfernen wir. Der Nestbau liegt im Instinkt der Vögel, alte Nester benutzen sie nicht; zudem sind diese nur Unterschlupf für Insekten, auch für Schädlinge.

Durch ein Angebot verschiedenartiger Nistkästen werden zugleich mehrere Vogelarten in den Garten gelockt. Das erweist sich als sehr günstig, denn man hat nachweisen können, daß niemals eine einzige Vogelart ein bestimmtes Insekt unter Kontrolle hält; immer ist es die Gemeinschaft mehrerer Arten, die uns im Garten zu Hilfe kommt. Um den verschiedenen Vögeln gerecht zu werden und sie auch vor ihren Feinden zu schützen, empfehlen wir, genaue Informationen über das Bereitstellen von Nistmöglichkeiten einzuholen, etwa bei den einzelnen Vogelschutzstatio-

Die Größe des Flugloches hängt von der Vogelart ab; für Stare sind 4,6 cm Durchmesser nötig.

nen. Selbstgezimmerte Vogelkästen sind z. B. nur dann von Nutzen, wenn das Flugloch der Größe des Vogels genau angepaßt ist. So kann den kleineren Vögeln kein Eindringling gefährlich werden. Für Kohlmeise und Kleiber beträgt der Fluglochdurchmesser 32 mm, für noch kleinere Vögel 27 mm, bei Starenkästen 46 mm. Auf Sitzstangen an den Kästen verzichten wir, die Vögel benötigen sie nicht, dafür benutzen Katzen sie gern beim Plündern der Nester. Beim Anbringen der Kästen achten wir darauf, daß das Flugloch immer zur aufgehenden Sonne, nach Osten oder nach Südosten, gerichtet ist. Nie dürfen die Kästen Rückwärtsneigung haben, ein wenig nach vorn geneigt ist dagegen günstig. Sie müssen fest und windsicher angebracht werden. Um die Bäume zu schonen, benutzen wir Aluminiumnägel.

Für Meisen hängen wir den Kasten in 2 – 4 m Höhe auf, besteht keine Katzengefahr, können sie noch tiefer hängen. Spatzen meiden tiefe Nester, darum ist eine niedrige Aufhängung grundsätzlich vorteilhaft, doch nur da, wo Sicherheit für die Vögel gegeben ist. Starenkästen müssen höher hängen, 4 – 10 m vom Erdboden.

Halboffene Höhlen, die von Rotschwänzchen und Fliegenschnäppern benutzt werden, bringen wir regengeschützt an der Hauswand oder unter einem niedrigen Dach in 2 – 5 m Höhe an. In solchen Halbhöhlen brüten neben den genannten Arten auch Bachstelze, Zaunkönig und Rotkehlchen.

GROSSE ERNTEZEIT IM GEMÜSEGARTEN

Eine reiche Spätkartoffelernte lohnt nun alle Mühe. Erst nachdem sie gut abgetrocknet sind, werden sie gelagert. Durch ein häufiges Umschaufeln im zuvor gründlich gereinigten, weiß gekalkten Lagerraum können wir vorzeitiges Keimen vermeiden.

Das Kartoffelkraut sollte auf keinen Fall verbrannt werden. Es enthält wichtige Nährstoffe, die dem Boden durch die Verrottung zurückgegeben werden. Wir verwenden es entweder als winterliche Bodenbedeckung über freiem Gartenland oder mischen es, mit dem Spaten etwas zerhackt, unter das Kompostmaterial. Denn je nach Wetter können wir jetzt noch einen Komposthaufen bauen, der – mit „Humofix“ aktiviert – bis zum Frühjahr zu Humus wird. Das frei gewordene Kartoffelstück kann noch eine Gründeinsaat von Zottelwicke, mit Roggen gemischt, erhalten.

Jetzt werden auch die Meerrettichstangen geerntet, die man am besten mit einer Grabgabel herausnimmt. Die am alten Wurzelende befindlichen Jungwurzeln trennen wir mit glattem Schnitt von der Stange. Als „Fechser“, ca. 1 cm dick, können wir sie im November, besser noch im folgenden März, schräg in den Boden setzen, um neue Meerrettichpflanzen zu erhalten.

Die im Frühjahr gesäten Schwarzwur-

Erntezeit in der Abtei Fulda: eindrucksvolle Resultate eines konsequent biologischen Anbaus in Mischkulturen

zeln können von Oktober an geerntet werden. Die Ernte der Schwarzwurzeln muß sehr vorsichtig geschehen. Werden die Wurzeln beschädigt, so fließt der Milchsaft aus, und das Erntegut verdorrt. Am besten heben Sie längs der Pflanzreihe einen kleinen Erdgraben aus, 20 cm breit, 30–40 cm tief, und drücken die Wurzeln mit einer Grabgabel in diese Furche. Da die Wurzeln außerhalb des Erdbodens an Güte verlieren, ernten wir immer nur so viele, wie gerade gebraucht werden. Schwarzwurzeln sind winterhart und bedürfen, solange sie auf dem Land verbleiben, nur einer leichten Laubdecke. Desgleichen müssen die letzten Roten Bete mit größter Vorsicht geerntet werden, ohne das Rübenfleisch zu beschädigen. Es blutet sonst aus, und die angeschnittene Frucht fault; deshalb schneiden wir auch das Grün nur bis auf 5 cm ab.

Endiviensalat ernten wir vor dem Frost. Er wird mit dem Wurzelballen aus der Erde genommen, dicht zusammengepackt, in Kästen gestellt und bis zum Gebrauch an einem luftigen, überdachten Ort aufgehoben. Sehr gut hält er sich im Freien auf feuchtem Grund, mit etwas Laub oder Stroh abgedeckt, ebenso in einem

leeren Mistbeet, das wir mit Brettern zudecken.
Im Oktober/November wird auch der Zuckerhutsalat (Blattzichorie) mit Wurzelballen geerntet und wie Endivien eng zusammengedrückt in Kästen gesetzt. Seine Lagerzeit ist nur sehr kurz, darum sollten Sie ihn so lange wie möglich im Land belassen. Er verträgt einige Grade Frost. Wurzelpetersilie lassen wir so lange wie möglich auf dem Beet; denn im Herbst wächst sie noch zu ansehnlicher Stärke heran. Schließlich schneiden wir das absterbende Kraut bis auf die Herzblätter ab und graben die Wurzeln aus. An einem geeigneten frostfreien, aber luftigen Ort unterm Dach stecken wir sie in einen kleinen Sandhügel, und zwar so, daß sie sich nicht gegenseitig berühren, wohl aber jeweils das Herzkraut herausspitzt. Diese Wurzeln schlagen im Lagerraum aus. Wir können so nicht nur die Wurzel für Suppe und Gemüse, sondern auch frisches Grün nach Bedarf holen.

Hebt man längs der Schwarzwurzelreihe einen kleinen Graben aus, lassen sich die Wurzeln leicht ohne Beschädigung ernten: Sie werden einfach mit der Grabgabel in die Furche gedrückt.

ALTBEWÄHRTE LAGERUNGSMETHODEN FÜR GEMÜSE

In der zweiten Oktoberhälfte beginnen wir nun, jenes Gemüse zu ernten, das leichten Frost vertragen kann. Da in der Regel nicht alles gleich verarbeitet werden kann, müssen wir uns frühzeitig um Möglichkeiten für eine dauerhafte Lagerung kümmern. Eins vorweg: Sollte vor der Ernte ein plötzlicher Frühfrost für unangenehme Überraschung sorgen, dürfen die Gemüsepflanzen nicht angerührt werden; wir müssen warten, bis sie wieder aufgetaut sind.
Wer keinen geeigneten Keller hat, beispielsweise nur einen zu warmen und trockenen Heizungskeller, kann, wie bei der Endivie erwähnt, auch das leere Mistbeet zur Lagerung benutzen. Alle Wurzelgemüse, Möhren, Rote Bete, Sellerie, Winterrettich und Petersilienwurzel schlagen wir dort in feuchten Sand ein. Auch Lagerkohl ist so vorteilhaft untergebracht; er wird mit dem Kopf nach unten eingeschlagen. Als zusätzlichen Frostschutz legen wir über die Mistbeetfenster eine wärmedämmende Folie oder Strohmatten. Bewährt hat sich auch die Lagerung in

In einer gut abgedeckten Erdgrube hält sich Gemüse bis zum nächsten Frühjahr frisch. Ganz wichtig: Auslegen von feinmaschigem Draht zum Schutz vor Mäusen.

Erdgruben. Dazu wird, je nach Bedarf, eine 50–70 cm tiefe Grube ausgehoben, diese mäusesicher mit Kükendraht oder anderem feinmaschigem Draht ausgekleidet und mit dem Erntegut gefüllt. Als Abdeckung dienen Stroh oder Styroporplatten, darüber kommt ein Regenschutz aus Wellblech. In solchen Erdgruben hält sich das Gemüse bis in den April hinein frisch. Ersatzweise kann man auch Kisten und Kübel in den Boden eingraben. Voraussetzung für diese Art der Lagerung ist, daß der Garten am Haus liegt und die Erdgrube jederzeit erreichbar ist.
Im übrigen können Sie die Luftfeuchtigkeit in einem trockenen Keller erhöhen, indem Sie den Boden mit Ziegeln auslegen und diese von Zeit zu Zeit mit Wasser anfeuchten. Oder Sie stellen in den Raum eine flache Schale mit Wasser, das nachgefüllt wird, sobald es verdunstet ist. Nach Möglichkeit sollten Sie Obst und Gemüse nie zusammen bzw. direkt nebeneinander lagern.

In der zweiten Oktoberhälfte wird der Lagerkohl geerntet.

OBST IM WINTERLAGER

Eingelagert werden nur gesunde Früchte ohne Beschädigungen oder Faulstellen.

Selbstverständlich ist, daß wir nur gesundes Obst einlagern und daß wir alle verletzten Früchte aussortieren. Die frischen Birnen und Äpfel werden dann einzeln nebeneinander auf die Stellage oder in flache Obstkisten gelegt, so daß wir ohne Schwierigkeit von Zeit zu Zeit kontrollieren können.

Die häufigsten Lagerkrankheiten sind Monilia, Lagerschorf und Bitterfäule sowie verschiedene andere Schimmel- und Fäulniserreger. Für die Verbreitung der Krankheiten spielen Temperatur und Luftfeuchtigkeit eine große Rolle. Die günstigste Temperatur liegt bei etwa 4 °C. Bei mildem Wetter muß der Lagerraum öfter gelüftet werden, bei Umschlagen des Wetters schließen wir das Fenster und isolieren es, wenn nötig, um das Obst vor Frösten zu schützen.

Äpfel sollten kalt gelagert werden. Sie vertragen eine Temperatur von 3–6 °C am besten, während Birnen es noch etwas kühler mögen – so zwischen 2 und 5 °C. Zu hohe Temperaturen schaden aber genauso wie zu niedrige. In zu warmen Lagerräumen breiten sich die fäulniserregenden Pilze sehr schnell aus. In unterkühlten Lagerräumen dagegen macht sich die sogenannte „Kaltlagerkrankheit" bemerkbar, die sich in einer Bräunung des Fruchtfleisches äußert. Ist die Luft im Lagerraum zu trocken, schrumpfen die Früchte. Eine Luftfeuchtigkeit von 90 % ist ideal. In zu trockenen Kellern stellen wir deshalb flache Schalen mit Wasser auf, wie bereits bei der Gemüselagerung beschrieben. Im übrigen hat sich gegen Fäulniserreger immer wieder das Besprühen mit Zwiebelschalenbrühe bewährt. Dazu kochen wir 50 g Zwiebelschalen bzw. Zwiebelabfälle in 1/2 Liter Wasser kurz auf, lassen den Sud abkühlen und sprühen ihn unverdünnt über das Lagerobst. Der Zwiebelgeruch wird vom Obst nicht angenommen, sondern verschwindet nach zwei bis drei Wochen.

Eine andere Möglichkeit, die Haltbarkeit des Obstes zu erhöhen, bietet die Verwendung von Farnkraut. Wir legen getrocknete Farnblätter auf die Obststellage oder den Boden der Obstkiste und betten die Früchte einzeln auf diese Farnkrautunterlage.

NOVEMBER UND DEZEMBER

NOVEMBER

TROCKENBLUMEN FÜR WINTERLICHE GEBINDE

Wenn draußen kaum noch etwas blüht, halten Trockenblumen im Haus die Erinnerung an die Blütenpracht des Sommers wach. Auch sie sind schön in ihrem Form- und Farbreichtum. Sie halten den ganzen Winter über und zieren Sträuße wie winterliche Gestecke. Besondere Freude haben Sie an ihnen, wenn Sie sie selbst heranziehen, trocknen und zu Sträußen zusammenstellen.

Den Sommer konservieren: Trockenblumensträuße hellen dunkle Wintertage auf.

Unter den Stauden lassen sich Kugeldistel *(Echinops)*, die blaue Edeldistel *(Eryngium)*, die hohe Schafgarbe *(Achillea filipendula)* in Gelb, die kleinen weißgrauen Katzenpfötchen *(Antennaria)*, die weiße Silberdistel *(Carlina acaulis)* und die Lampionblumen *(Physalis alkegenki)* sehr gut trocknen. Wir schneiden sie kurz vor dem vollen Erblühen – Lampionblumen schon nach dem Ausfärben der Samenhülsen – ab und hängen sie mit dem Kopf nach unten auf.

Auch die getrockneten Blüten oder Samenstände des Zierlauchs *(Allium christophii)* passen gut in solche Pflanzenarrangements. Eine schöne Ergänzung und Abrundung für Trockenblumensträuße stellen die Rispen und Ähren mancher Staudengräser dar, die im ausgereiften Zustand geschnitten werden. Dafür eignen sich z. B. Federgras *(Stipa)*, Zittergras *(Briza)* und Lampenputzergras *(Pennisetum)*.

Von den Einjährigen liefern uns z. B. Silberblatt oder Judaspfennig *(Lunaria annua)*, Strandnelke oder Statice *(Limonium sinuatum)*, Strohblumen *(Helichrysum bracteatum)* und der Sonnenflügel *(Helipterum* oder *Rhodanthe)* hübsche Trockenblumen. Als Auflockerung der Sträuße oder Gebinde dient das Schleierkraut *(Gypsophila elegans)*, das sich ebenfalls sehr gut trocknen läßt. Zierende Fruchtstände für die Trockenbinderei können wir schließlich von Löwenmäulchen

(Anthirrhinum majus), Mohn *(Papaver*-Arten) und Schwarzkümmel *(Nigella damascena*, auch „Jungfer im Grünen“ genannt) ernten.

HERBSTLAUB – PREISWERTE HUMUSQUELLE

Zwar ist es meist ein wenig erfreulicher Anblick, wenn sich auf Fußwegen oder Fahrbahnen das abgefallene Laub in den Pfützen mit dem Straßenschlamm zu einer modrigen Masse vermengt. Doch haben wir uns schon einmal überlegt, welche Werte in dieser Fülle organischer Substanz enthalten sind?
Die meisten Bäume haben sehr tiefe Wurzeln. So können sie aus den unteren Erdschichten wichtige Minerale und Nährstoffe aufnehmen. In den Blättern der verschiedenen Laubgehölze, vor allem der Obstbäume, läßt sich ein wesentlicher Gehalt an Phosphorsäure, Kalium, Magnesium und Kalzium nachweisen. Der Stickstoffanteil ist zwar gering, dafür finden sich neben den genannten Nährstoffen auch zahlreiche wertvolle Spurenelemente. Wie können wir nun das herbstliche Laub am besten für den Garten nutzen? Zunächst bieten wir damit den Wintersaaten, wie Kohl, Möhren und Winterzwiebeln, sowie allen Stauden, Rosen, Zier- und Beerensträuchern eine natürliche Schutzdecke. Außerdem bedecken wir mit dem Laub alle

Von Mitte Oktober bis in den November hinein beschert uns die Natur große Laubmengen, die sich im Garten sinnvoll nutzen lassen.

Drahtbehälter sind praktische Sammelgefäße für Herbstlaub, das als Kompostgut dienen soll.

Bodenflächen, die keine Grüneinsaat mehr erhalten haben. Darunter bleibt auch über Winter das Bodenleben vielfach in Aktion, und bis zum Frühjahr ist die verrottende Blättermasse schon teilweise in Humus verwandelt.
In niederschlagsarmen, trockenen Wintern kann es allerdings passieren, daß der Wind die Blätter auf die Wege oder in eine Gartenecke bläst. Dem kommen wir zuvor, indem wir die Laubdecke mit etwas Erde oder mit Tannenreisig beschweren. Gerade in sehr windoffenen Lagen bleibt auch die Möglichkeit, das Laub in einem Behälter aus Draht oder anderem luftdurchlässigem Material zu sammeln und dann im Juni des nächsten Jahres einen Laubkompost zu bauen. Damit das gesammelte Laub bis dahin nicht seine Eignung für das Kompostieren verliert, sind die folgenden Maßnahmen ratsam:

- Größere Blätter, die leicht zusammenkleben, mit Häcksler oder Rasenmäher zerkleinern.
- Während des Sammelns im Drahtsilo immer etwas Erde und Kalk dazwischenstreuen.
- Zum Schluß das Ganze mit einer ca. 5 cm hohen Erdschicht abdecken.
- Beim späteren Kompostbau wird dann abwechselnd eine Schicht Laub und Erde aufgetragen. Nach jeder Erdschicht wird mit „Humofix“ aktiviert.

Besonders in den letzten Jahren ist es wichtig geworden, von Pilzen befallene Blätter gründlich mit Schachtelhalm-

Darstellung von Fenchel in altem Buch

brühe zu überbrausen. Blätter mit Rostbefall sortieren wir allerdings ganz aus.
Neben den Blättern aller Obstarten sind Linden-, Ahorn-, Hasel-, Buchen-, Pappel- und Weidenblätter sehr gut verwendbar und ergeben – auch gemischt – einen wertvollen Laubkompost, der vor allem als Blumenerde gute Dienste leistet. Außerdem ist er zu empfehlen zur Düngung von Erdbeeren, Himbeeren und zur Pflanzung neuer Obstbäume. Kompost aus Birkenlaub mit etwas Erde ergibt sogar eine ausgesprochene Heilerde, die besonders alten und kranken Obstbäumen hilft. Birkenblätterjauche schützt vor Schorf an Früchten und Blättern

(fünffach verdünnt ausspritzen) und macht die Schale von Obst seidig zart. Von seiner Zusammensetzung her ist auch Eichenlaub sehr wertvoll. Allerdings ist es sehr säurereich und zersetzt sich langsam. Eichenlaubkompost wirkt besonders günstig bei Johannisbeeren sowie bei Heidelbeeren, Rhododendren und Azaleen. Für andere Kulturen setzen wir die Blätter mit Kalk auf, um den Säuregehalt auszugleichen. Walnußlaub, Kastanien- und Platanenblätter enthalten ebenfalls viel Säure und Gerbstoffe. Deshalb sollten sie, ebenso wie Eichenblätter, separat aufgesetzt werden. In der Anfangsphase der Verrottung bleiben sie von Regenwürmern unberührt, weshalb sie sich sehr langsam zersetzen.
Eine Jauche aus Blättern der genannten „sauren“ Baumarten können Sie gut gegen beißende und saugende Insekten anwenden, eine Jauche aus Eichenblättern vertreibt außerdem auch Ameisen.

WINTERDECKE FÜR DEN BODEN

Soweit der nun abgeerntete Boden keine Grüneinsaat bekommen hat (siehe Monatskapitel „August“), müssen wir ihn nun für das kommende Kulturjahr vorbereiten.
Wir säubern das Land von Unkraut, lockern es mit einem Kultivator (Krail

Lockerung ohne Umgraben schont den Boden wie den Rücken. Danach kann Bentonit-Tonmehl ausgestreut werden, zum Abschluß wird die Fläche mit Mulch bedeckt.

oder Grubber) und streuen bei sandigen Böden gegebenenfalls Bentonit-Tonmehl darüber, das die Bodenstruktur und -fruchtbarkeit verbessert.
Nur Neuland oder humusarmes Erdreich verlangen ein herbstliches Umgraben; nach jahrelanger Kompostwirtschaft ist dies nicht mehr nötig, eher sogar schädlich, weil es das in der oberen Bodenschicht wirkende Leben in seiner Entfaltung stört, ja zerstört. Danach wird der Boden mit einer Mulchdecke von ca. 3 cm Stroh (wenn möglich gehäckselt), mit Kartoffel-, Tomatenkraut oder sonstigen Pflanzenabfällen versehen. Diese Flächen-

düngung ist erfahrungsgemäß von größtem Nutzen. Bohnen- und Erbsenstroh, Kartoffel-, Tomaten- sowie Bohnenkraut und dergleichen Pflanzenreste enthalten viele Nährstoffe, die dem Boden durch die Verrottung zurückgegeben werden. Anstelle dieser Gartenabfälle können Sie auch halbreifen Kompost über das Land ausstreuen, ca. 5 cm hoch. Vor der Bestellung im Frühjahr werden noch vorhandene Rückstände abgeräumt und der Kompost eingeharkt.

Wenn nach und nach alles abgeerntet ist, halten Grün- und Rosenkohl sowie Lauch die Stellung.

WINTERGEMÜSE – DIE EISERNE KÜCHENRESERVE

Grün- und Rosenkohl müssen Frost abbekommen, bevor sie richtig schmecken. Deshalb bleiben sie draußen und werden je nach Bedarf geerntet. Droht ihnen jedoch starker und anhaltender Frost, gerade an einem nicht windgeschützten Platz, nehmen wir sie besser mit Wurzelballen heraus und schlagen sie im Garten ein. Doch eingeschlagener Grün- und Rosenkohl ist gegen Nässe weit empfindlicher, als wenn er am Standort verbleibt.

Lauch kann ebenfalls draußen bleiben, wird aber mit Tannenreisig bedeckt. Das Beet, auf dem Lauch überwintert, ist für die Frühjahrsaussaat von Möhren bestens vorbereitet, die Möhrenfliege wird es meiden. Da wir bei Schnee und starkem Frost nicht ernten können, holen wir bei Bedarf vorher einige Stangen in den Lagerraum und bedecken sie wie das übrige Gemüse mit Sand. Schließlich bleiben uns bis zum Frühjahr noch zwei robuste Blattgemüse: Feldsalat braucht keine Abdeckung, Winterspinat wird leicht bedeckt.

Stützpfähle schlagen wir stets vor der Pflanzung ein. Das Bäumchen sollte etwas höher zu stehen kommen als vorher in der Baumschule.

OBSTBAUMPFLANZUNG

Für die Herbstpflanzung von Obstbäumen ist jetzt eine günstige Zeit. Zunächst wird die Bedeckung von Baumloch und Aushub entfernt (lesen Sie über die Vorbereitungen im September-Kapitel). Dann rammen wir als erstes den Pfahl in den Boden. Er muß an der Südseite des Baumes stehen, damit er die Rinde vor Sonnenbrand schützen kann, und soll eine Handbreite vom Stamm entfernt bleiben. Manche Obstgärtner ziehen es vor, nicht dem Stamm einen Pfahl, sondern den Wurzeln zwei kleine Stützen zu geben. Man will so vor allem die notwendige Wurzelruhe erzielen, während der junge Baum mit dieser Hilfe sich im Wind behaupten lernt und gerade wächst.

Bei der Winterspritzung (Rainfarn-Schachtelhalm) behandeln wir Baumloch und Aushub mit. Es empfiehlt sich auch, beides frühzeitig gründlich zu durchfeuchten.

Vor der Pflanzung

Sobald die Jungbäume von der Baumschule kommen, müssen sie ausgepackt und die Wurzeln gründlich angefeuchtet werden. Kann die Pflanzung nicht sofort erfolgen, schlagen wir die Wurzeln in feuchten Sand ein; bei Frostwetter kommen sie zunächst unausgepackt in einen frostfreien, aber nicht warmen Raum. Keinesfalls dürfen die Wurzeln unbedeckt bleiben, weil sonst bald die Faserwurzeln eintrocknen.

Je schneller der gelieferte Baum eingepflanzt wird, um so sicherer ist sein gesundes Anwachsen und Gedeihen. Unmittelbar vor der Pflanzung werden die Wurzelspitzen frisch angeschnitten, und zwar mit der Schnittfläche nach unten. Faserwurzeln lassen wir unbeschnitten. Dann tauchen wir das ganze Wurzelwerk in den sorgfältig dafür bereiteten Lehmbrei. Dieser Lehmbrei kann auch weiterhin für etwaige Stamm- und Schnittbehandlung der Bäume im Herbst verwendet werden.

Ein alter Gärtnertrick ist das Binden in lockeren Achterschleifen; so wird der Stamm bei zunehmendem Dickenwachstum nicht gleich abgeschnürt.

Das richtige Einsetzen

Beim Pflanzen breiten wir die Wurzeln flach und in natürlicher Lage aus und füllen alle Hohlräume zwischen den Wurzeln mit lockerer Erde auf. Wir pflanzen den Baum immer etwas höher, als er in der Baumschule gestanden hat, und zwar so hoch, daß sich der Wurzelhals einige Zentimeter über dem Erdboden befindet. Am sichersten gehen Sie, wenn Sie eine Latte über die Baumgrube legen, die das rechte Maß vorgibt.

Man sollte immer zu zweit pflanzen. Während einer den Baum hält, so daß die Veredlungsstelle über Boden und Latte bleibt, schüttet der andere sorgfältig die Erde hinein und verteilt sie unter und zwischen die Wurzeln, damit der Baum fest zu stehen kommt und sich keine Hohlräume bilden. Da sich die Erde noch setzt, tragen wir hinterher einen kleinen Hügel auf. Die so entstandene gewölbte Baumscheibe wird im Durchmesser von ca. 1 m mit Mistkompost oder anderem Abdeckungsmaterial gemulcht. Anschließend binden wir den Baum mit einer Achterschleife lose an seinen Pfahl oder an die zwei Wurzelpfähle, die nur 20 cm über den Wurzelhals herausragen sollen. Der Stammpfahl darf nicht in die Krone reichen.

Bei Buschbäumen und Spindelbüschen liegt die Veredlungsstelle dicht über dem Wurzelhals. Wird sie beim Absenken des Bodens mit Erde bedeckt, müssen Sie unbedingt die Unterlage wieder freilegen. Andernfalls entwickelt der Baum ein übermäßiges Holzwachstum, was jahrelange Unfruchtbarkeit zur Folge haben kann. Die im Herbst neugepflanzten Bäume schneiden wir am günstigsten im kommenden Frühjahr.

DEZEMBER

NICHT NUR ZUR WEIHNACHTSZEIT: DIE CHRISTROSE

Als letzte oder auch erste Blume des Jahres ist die Christrose *(Helleborus niger)* zu nennen. Die Legende erzählt, sie habe bei der Geburt Christi unweit des Stalles von Bethlehem gestanden und geblüht. Zur Erinnerung an dieses Ereignis blühe sie nun jedes Jahr im Winter zur Weihnachtszeit. Tatsächlich blüht sie je nach Witterung von November bis April. Gerade im Winter begrüßen wir ja jede Blüte mit besonderer Freude – so auch die Christrose mit ihren derben wintergrünen Blättern und den weißen, später etwas rosa angelaufenen, leicht nickenden Blüten. Neben der schlichten, anmutigen Stammform werden auch *Helleborus*-Hybriden in verschiedenen Blütentönen, oft mit mehrfarbiger Zeichnung angeboten. Diese blühen jedoch erst ab Februar. Die Pflanzen gedeihen an halbschattigen Plätzen unter Bäumen und Sträuchern, verlangen aber unbedingt kalkhaltigen, tiefgründigen, nährstoffreichen Boden. In der Gesellschaft von Anemonen, Farnen, Waldmeister fühlen sie sich besonders wohl und werden, wenn wir sie in Ruhe lassen, jedes Jahr schöner.

Wie die meisten Hahnenfußgewächse ist auch die Christrose sehr giftig. Und wie viele Giftstoffe entfalten auch die der Christrose in kleinsten Dosierungen Heilkraft. Die Alkaloide ihrer Wurzelknolle werden zur Herstellung von Medikamenten gegen Gicht, Rheumatismus und Bandwürmer verwendet.

Mit der Christrosenblüte zu Weihnachten können wir nicht immer rechnen; doch auch an anderen Wintertagen erfreut uns der Flor dieser besonderen Pflanze.

In der Homöopathie setzt man sie mit Erfolg bei Wassersucht ein. Doch Vorsicht, niemals darf man selbst versuchen, Giftstoffe von Pflanzen als Heilmittel einzusetzen! Wir können uns die Inhaltsstoffe der Christrose jedoch auf ungefährliche Weise zunutze machen, indem wir sie für schädlingsvertreibende Brühen und Tees verwenden.

WINTERFÜTTERUNG DER VÖGEL

Sollen uns die Vögel auch im nächsten Jahr bei der Schädlingsbekämpfung unterstützen, so müssen wir ihnen im Winter durch regelmäßige Futtergaben helfen. Diese dürfen jedoch nicht einfach auf Fensterbänken ausgelegt werden, wo das Futter in Schnee und Regen verdirbt. Wenn Sie die gefiederten Gäste artgerecht füttern möchten, wenden Sie sich am besten an die nächstgelegene Vogelschutzstation. Dort gibt es genaue Informationen, oft können auch geeignete, artgerechte Futtergeräte bestellt werden.

Hier wollen wir zunächst vor einem häufigen Fehler warnen: Küchenabfälle wie Brot oder Kartoffeln, gar noch eingeweicht, sind kein Vogelfutter! Der Hunger drängt die Vögel, auch solches Angebot zu nehmen, aber der Mensch kann ihren Flug nicht verfolgen, auf dem sie dann an diesem Futter zugrunde gehen. Überdies wird durch solche Fütterung meist das weniger empfindliche Spatzenvolk angezogen und in den Garten gelockt.

Die besten Futterplätze sind Wildbeerbäume, -büsche und -hecken im Garten mit ihren Früchten: Eberesche, Holunder, Brombeere, Weiß-, Rot- und Sanddorn und andere. Hier verzichten wir auf die Ernte und lassen die Früchte den Vögeln als Winterfutter hängen. Sie werden allerdings bald damit fertig sein. In einigen überdachten Futterständen finden die Körnerfresser ihr Futter. Wir streuen: Sonnenblumenkerne, Hanf, Mohn, Gurken- und Melonenkerne, Samen von Nadelbäumen, Bucheckern, Unkrautsamen und andere Sämereien sowie Abfälle vom Dreschen. Für die nötige Körperwärme unserer gefiederten Freunde sorgen die käuflichen Meisenringe (Körner in Fett) oder auch ausgelassenes, aber salzloses Fett in einer Schale zum Picken sowie ungesalzene (nicht rohe) Speckschwarten. Diese hängen wir an den Ästen von Bäumen und Sträuchern auf.

Manche Vögel fressen lieber, wie sie es gewohnt sind, auf dem Boden. Ihnen stellen wir eine zu ebener Erde hin geöffnete, gegen Regen abgedeckte Kiste unter einen Busch oder Strauch. In solchen versteckten Gartenwinkeln fressen Stare, Amseln, Rotkehlchen,

Wer den Vögeln über die karge Zeit hilft, versichert sich fleißiger Unterstützung bei der Schädlingsabwehr.

Für Meisen & Co. sind überdachte Futterstände und fetthaltige Nahrung wichtig.

auch Fasanen und Rebhühner, gern getrocknete Wildbeeren, aber auch kleingehacktes Obst, sogar kleine Fleischstückchen. Dazu können wir ihnen Erbsen, Gerste, Wegerichsamen und ähnliches anbieten. Die Vögel haben ihre bestimmten Futterzeiten; auf diese stellen wir unsere Fütterung ein, damit nicht der Hungertod uns um unsere besten Helfer im Obstbau bringt. Sie kommen im Winter, wenn die Sonne aufgegangen ist. Zur Mittagszeit sind sie ebenfalls da, bestimmt aber brauchen sie vor dem Untergang der Sonne eine gute Mahlzeit.
Auch im Winter haben die Vögel Durst. Sobald Schnee liegt, picken sie davon und können so ihren Bedarf an Flüssigkeit decken. In schneefreien Perioden müssen wir Sorge tragen, daß die Vogeltränken stets gefüllt sind. Werden sie von einer dünnen Eisschicht überzogen, schadet das nicht. Auch daran können die Vögel picken und ihren Durst löschen.

JAHRESAUSKLANG IM GEMÜSEGARTEN

Roggen als Gründüngung für das Gartenland kann bei günstigem Wetter noch im Dezember ausgesät werden. Der Boden bleibt hier unbedeckt. Auch Kräuterstauden können Sie bei gutem Wetter und offenem Boden noch teilen und verpflanzen (Melisse, Salbei, mehrjähriger Fenchel und Malve). Decken Sie danach gut ab, möglichst mit reifem Kompost und Reisig. Getrocknete Gewürzkräuter

Im Winter werden die Gartengeräte gereinigt und alle Metallteile eingefettet; so bleiben sie gut in Schuß.

hängen wir trocken und luftig, am besten in Leinensäcken, auf.
Der Lagerraum muß gut gelüftet werden! Kartoffeln, Gemüse jeder Art, Obst, Kräuter und Samen leiden mehr unter feuchter, warmer Luft als unter Kälte und Frost. Solange keine stärkeren Fröste zu befürchten sind, können wir den Lagerraum bei Tag und Nacht geöffnet lassen. Zu ebener Erde empfiehlt sich deshalb ein enger Maschendraht vor den Fenster- und Türöffnungen als Schutz gegen Mäuse. Wir prüfen nun immer wieder den gesamten Gemüseeinschlag und entfernen alles Faule.
Im Winter reinigen wir gründlich die Gartengeräte und reiben sie mit Öl oder Fett ein. Am besten hängen sie an einem Gerätegitter.
Die Wintermonate bieten uns außerdem eine willkommene Gelegenheit, unter Auswertung neuer Erfahrungen, besonders hinsichtlich der Mischkultur, das kommende Gartenjahr planend vorzubereiten. Auch haben Sie jetzt die Möglichkeit, Ihr Wissen durch Lesen entsprechender Gartenschriften zu bereichern.

Bereits im Dezember ausgesäte Möhren zeigen im nächsten Frühjahr einen deutlichen Wachstumsvorsprung.

MÖHRENAUSSAAT MITTEN IM WINTER

Möhrensamen, die wir nun aussäen, kommen in diesem Jahr zwar nicht mehr zur Keimung und verharren zunächst im Boden. Sobald es aber wieder wärmer wird, entwickeln sie sich mit deutlichem Vorsprung gegenüber den üblichen Frühjahrssaaten. Wir entgehen damit auch der Möhrenfliege, die im Juni/Juli fliegt und an das erste Grün ihre Eier legt. Für die Möhrenaussaat im Dezember müssen wir uns an die genauen Saattermine halten. Die Sorte 'Marktgärtner' hat sich für eine solche Wintersaat gut bewährt.
Zunächst räumen wir das dafür vorgesehene Stück Land, das vor dem Frost zum Offenhalten des Bodens bedeckt wurde, für die Aussaat ab. Am besten

eignet sich ein früheres Leguminosenbeet. Der Same wird sehr dünn in Rillen gestreut und mit gut ausgereiftem Kompost, den man am besten mit etwas Holzasche gemischt hat, zugedeckt. Dann legen wir das Deckmaterial (Tannenreisig, Stroh oder Gartenabfälle) in dünner Lage über das ganze Beet. Unter einer zu starken Bodendecke wird es leicht zu warm. Es besteht dann die Gefahr, daß der Same zu keimen beginnt, was bei einbrechendem Frost die ganze Aussaat gefährdet.

SAATGUT RICHTIG LAGERN

Nun ist es wieder an der Zeit, an kommende Aussaaten – wenn auch vorerst nur in Saatkästen und Blumentöpfen – zu denken, alte Samenreste vom Vorjahr zu prüfen und eventuell neue Sämereien zu bestellen. Wer altes Saatgut verwenden will, sollte – um Mißerfolge zu vermeiden – vor der Aussaat Keimproben vornehmen, wie im Januar-Kapitel beschrieben, denn Samen lassen sich nicht beliebig aufbewahren und weiterverwenden. Die Keimfähigkeit geht sehr schnell verloren, wenn sie feucht und warm gelagert werden, wobei hier schon die normale Zimmerluft zu feucht sein kann.
Saatgut in geschlossenen Keimschutzpackungen ist auch nach einem Jahr Aufbewahrung noch gut keimfähig. Sobald jedoch die Samentüte geöffnet ist, dringt Luft mit ihrer üblichen Feuchte in die Samen ein, so daß sich deren Wassergehalt erhöht. Die Haltbarkeit hängt deshalb wesentlich von der richtigen Lagerung ab. Der Raum, in dem das Saatgut aufbewahrt werden soll, muß kühl und vor allem trocken sein. In großen Samenlagern wird die Luft künstlich getrocknet. In Privathaushalten ist die erforderliche Lufttrockenheit kaum zu erreichen.

Weckgläser eignen sich gut, um angebrochene Samentüten aufzubewahren. Ein Leinenbeutelchen mit Ätzkalk sorgt im verschlossenen Glas für trockene Luft.

Sie können jedoch die Luft in den Gefäßen, in denen die Samen aufbewahrt werden, trocken halten. Dafür eignet sich ein einfaches Weckglas mit Gummiverschluß. In dieses Glas werden alle angebrochenen Samentütchen hineingegeben und ein „Entfeuchtungsmittel“ hinzugelegt. Als solches läßt sich Ätzkalk verwenden, den Sie am besten in einen Leinenbeutel füllen und mit in das Glas hineinstellen.

Ätzkalk zieht die Feuchtigkeit aus der umgebenden Luft und bindet sie an sich. Die Luft in dem Glas wird dadurch trocken. Selbstverständlich muß das Glas fest mit einer Weckklammer verschlossen werden, damit die feuchtere Außenluft nicht eindringen kann. Noch einfacher besorgt man sich „Blaugelentfeuchter" aus der Drogerie. Dieses Trocknungsmittel besteht aus blauen, unregelmäßig geformten Körnern und wirkt auf die gleiche Weise wie Ätzkalk. Sobald es zuviel Feuchtigkeit aufgenommen hat, verliert es seine blaue Farbe und wird rosa. Dadurch haben Sie die Möglichkeit zu kontrollieren, ob es seine Funktion noch erfüllen kann. Durch Erwärmen wird das rosa Blaugel wieder blau und trocken, kann dann also weiter verwendet werden. Die Gläser müssen kühl (im Keller oder in einem ungeheizten Raum) aufbewahrt werden. Bei einer solchen Lagerung können Sie davon ausgehen, daß die meisten Gemüsesamen drei bis fünf Jahre keimfähig bleiben. Karotten, Zwiebeln, Lauch, Schnittlauch und Schwarzwurzeln gelten als besonders kurzlebig und sind oft nur ein Jahr haltbar. Gurkensamen sind außerordentlich langlebig und behalten ihre Keimkraft fünf bis sechs Jahre. Blumensamen bleiben in der Regel zwei bis drei Jahre keimfähig, Anthurien wenige Tage, Pappeln und Weiden wenige Wochen, Unkrautsamen – wie wir oft zu unserem Leidwesen feststellen müssen – über Jahrzehnte.

WINTERSCHNITT DER OBSTGEHÖLZE

Von November bis spätestens Ende Februar ist der Winterschnitt der Obstbäume an der Reihe. Wir können uns diese Arbeit über die Wintermonate verteilen. Allerdings wird ab – 4 °C der Schnitt eingestellt; statt dessen können wir dann etwaige Baumruinen ausgraben und möglichst schnell aus dem Garten entfernen.
Um uns über die Erfordernisse nötige Maßnahmen beim Winterschnitt klarzuwerden, beobachten wir während der Vegetationszeit aufmerksam das Wuchsverhalten der einzelnen Obstbäume. Bei älteren Bäumen, die noch gut tragen, ist das Auslichten die wichtigste Arbeit; doch braucht dies nicht

Vorrangige Schnittmaßnahme ist das Auslichten nach innen wachsender, zu dicht stehender und sich überkreuzender Äste.

jährlich zu geschehen, sondern wir gehen alle Bäume in einem Turnus von drei bis fünf Jahren einmal durch.
Entfernt wird, was abgestorben oder am Absterben ist. Äste oder Zweige, die so im Innern des Baumes oder unter stärkeren Ästen sitzen, daß sie im belaubten Zustand kein Licht mehr bekommen, müssen wir herausnehmen. Auch der alternde Baum braucht Licht und Luft. Bei Ästen, die einander kreuzen oder reiben, wird der schwächere herausgesägt, ebenso bei Zweigen und Ästen, die so dicht stehen, daß sie einander das Licht nehmen. Alles, was senkrecht nach oben wächst, einschließlich der sogenannten „Wasserschosse", die mehr seitwärts stehen, binden wir waagrecht nach unten und schneiden es zurück. Diese Schosse – meist ein Zeichen alternder Bäume – können den Baum verjüngen und zu neuer Fruchtbarkeit bringen, wenn sie richtig gewählt und behandelt werden. Sie füllen manche Lücken in der Baumkrone. Alle ins Innere wachsenden Zweige nehmen wir heraus, Kronenäste müssen nach außen streben. Zu lang gewachsene Fruchtzweige werden eingekürzt, da sie sonst bei Behang leicht brechen.
Sämtliche Sägewunden müssen mit einem scharfen Messer nachgeschnitten werden, damit die Ränder glatt sind und gut verheilen können. Dann bestreichen wir sie mit Baumwachs oder Lehmbrei. Wir empfehlen, vor dem eigentlichen Absägen einen jeden Ast erst von unten anzusägen, damit die Rinde nicht reißt. Es dürfen nie

Die Ränder von Sägestellen müssen glatt nachgeschnitten werden. Dann verschließt man die Wunden mit Baumwachs oder Lehmbrei.

Schnittstummel am Baum stehenbleiben; was zu schneiden ist, muß bis auf den Astring entfernt werden.
Bei Bäumen, die nicht recht tragen, ist es unter Umständen notwendig, Leitäste über gut wachsenden Nebenästen wegzunehmen, um Fruchtholz zu erzielen. Am besten lassen Sie sich in solchen Fällen von erfahrenen Obstgärtnern beraten. Auch für das Abwerfen einer Baumkrone als Vorbereitung für eine Frühjahrsveredelung brauchen wir einen Fachmann, desgleichen für den Schnitt des Spalierobstes.
Über den Schnitt der Spindelbüsche wurde bereits im Monatskapitel „März" berichtet. Der Mitteltrieb muß gekürzt werden, Seitentriebe binden wir an oder kürzen sie. Kahlstellen müssen über einem neuen Austrieb herausgeschnitten werden. Dadurch erneuern sich die Seitenzweige.
Quitten werden nur ausgelichtet, wo es nötig ist; Fruchtholz wird nicht geschnitten. Soweit das Steinobst nicht

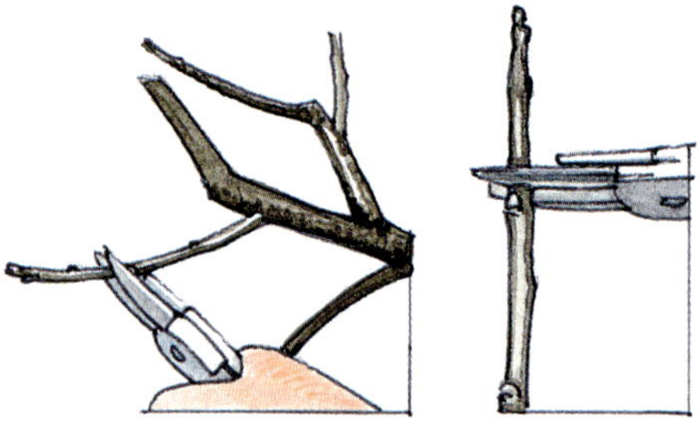

Links: **Der Rückschnitt erfolgt etwas schräg und direkt über einem Auge.**

Rechts: Seitentriebe werden auf ein nach außen weisendes Auge zurückgeschnitten.

gleich nach der Ernte geschnitten werden konnte (Süßkirschen, Zwetschgen), holen wir dies ebenfalls beim Winterschnitt nach und schneiden kräftig zurück. Steinobst braucht eine lichte Krone, durch die der Wind hindurchfahren kann, da dieser hier anders als beim Kernobst die Blüten bestäubt.
Schließlich noch einige grundsätzliche Empfehlungen für die Schnittechnik: Wir entfernen Triebe oder Äste immer direkt über einem Auge, wobei etwas schräg nach außen hin geschnitten wird. Bleibt ein Stumpf stehen, so stirbt er ab und bietet Pilzsporen und Ungeziefer Möglichkeit zur Überwinterung, ganz zu schweigen von der Unordnung im Gartenbild. Seitentriebe werden immer so geschnitten, daß das Auge nach außen zu stehen kommt, damit der neue Trieb nicht in die Höhe, sondern nach außen wächst. Durch Fruchtbehang werden dann die Zweige herabgezogen. Die Neuaustriebe sorgen für den nötigen Nachwuchs, der wiederum durch Lenkung nach unten zum Fruchten gedrängt wird. Beim Mitteltrieb schneiden wir immer jenes Auge an, das über dem letzten Schnitt liegt, damit die senkrechte Linie gewahrt bleibt. Auch er wird sich neigen durch die Schwere der Frucht, aber sehr bald sorgt ein neuer Austrieb für Ersatz, der dann gleichermaßen seinen Rückschnitt erfährt. So baut sich die Baumkrone auf durch Austrieb, Rückschnitt, Lenkung nach unten zur Frucht.
Beschädigtes oder gar krankes Schnittholz sollten Sie möglichst bald aus dem Garten entfernen, um die Ausbreitung von Schädlingen und Obstkrankheiten zu vermeiden.

Ein arbeitsreiches und hoffentlich auch erfolgreiches Gartenjahr liegt hinter uns. Die Mußestunden bieten Gelegenheit für einen Rückblick ...

Übersicht für den Gemüsegarten: Mischkulturpartner sowie günstige Vor- und Nachkulturen

Gemüseart	günstige Nachbarschaft	ungünstige Nachbarschaft	günstige Vorkultur	günstige Nachkultur
Blumenkohl	Tomaten, Sellerie, Buschbohnen, Erbsen, Frühkartoffeln, Endivien, Phacelia	Zwiebeln, Lauch, Knoblauch, Kohlgewächse	Spinat	Feldsalat
Buschbohnen	Baldrian, Borretsch, Dill, Bohnenkraut, Kümmel, Erbsen, Kartoffeln, Kohlgewächse, Radies, Rettich, Rote Bete, Sellerie, Gurken, Tomaten, Zucchini, Salat, Spinat, Mangold, Schwarzwurzeln, Spargel, Rhabarber, Erdbeeren	Fenchel, Stangenbohnen, Zwiebeln, Lauch, Knoblauch, Erbsen	Frühmöhren	Feldsalat, Endivien
Endivien	Fenchel, Erbsen, Kohlgewächse, Möhren		Buschbohnen, Möhren, Zwiebeln	
Erbsen	Kohlgewächse, Möhren, Radies, Rettich, Salat, Spinat, Borretsch, Kümmel, Rhabarber, Spargel	Bohnen, Erbsen, Frühkartoffeln, Zwiebeln, Lauch, Tomaten		Chinakohl, Rosenkohl
Fenchel	Salat, Endivien, Gurken, Basilikum	Tomaten, Bohnen, Kohlrabi	Früherbsen, Frühkartoffeln	
Gurken	Basilikum, Stangenbohnen, Sellerie, Zwiebeln, Spinat, Kopfsalat, Fenchel, Dill, Buschbohnen, Knoblauch	Radies, Rettich, Zucchini	Ackerbohnen, Senf	
Kartoffeln, frühe	Blumenkohl, Frühkohl, Buschbohnen, Ackerbohnen, Pfefferminze, Spinat, Borretsch	Erbsen, Tomaten, Rote Bete, Sellerie		Rosenkohl, Fenchel, Erdbeeren
Kartoffeln, späte	Buschbohnen, Frühkohl, Spinat, Pfefferminze, Meerrettich, Borretsch, Farnkraut	Salat, Erbsen, Tomaten, Rote Bete, Sellerie	Pfefferminze	Fenchel, Rosenkohl, Malve

Übersicht: Mischkulturpartner sowie Vor- und Nachkulturen (Fortsetzung)

Gemüseart	günstige Nachbarschaft	ungünstige Nachbarschaft	günstige Vorkultur	günstige Nachkultur
Knoblauch	Möhren, Lauch, Zwiebeln, Tomaten, Gurken, Erdbeeren, Obstbäume, Rosen	Bohnen, Kohlarten	Leguminosen (Hülsenfrüchte)	
Kohlgewächse	Erbsen, Buschbohnen, Sellerie, Tomaten, Mangold, Spinat, Salat, Möhren, Borretsch, Salbei, Dill, Schnittsellerie, Thymian, Phacelia, Tagetes, Ringelblume, Rhabarber	andere Kohlgewächse, Zwiebeln, Lauch, Knoblauch, Raps, Veilchen	Spinat, Leguminosen, Radies, Schnittsellerie	Feldsalat, Spinat
Kohlrabi	Lauch, Tomaten, Bohnen, Erbsen, Rote Bete, Salat, Spinat, Chinakohl, Borretsch, Erdbeeren, Spargel	Fenchel	Spinat, Salat	Feldsalat
Kopfsalat	Radies, Rettich, Zwiebeln, Kohlrabi, Kohl, Erbsen, Bohnen, Dill, Borretsch, Kerbel, Bohnenkraut, Gurken, Tomaten, Spinat, Salat, Schwarzwurzeln, Möhren, Rhabarber	Petersilie, Kresse, Sellerie, Kartoffeln	Radies, Kohlrabi	Gurken, Kohl
Lauch	Möhren, Knoblauch, Sellerie, Schwarzwurzeln, Spinat, Tomaten, Kohlrabi, Erdbeeren	Bohnen, Erbsen, Kohl, Zwiebeln	Kohlrabi, Salat	Petersilie, Möhren
Mangold	Buschbohnen, Möhren, Radies, Rettich, Kohlgewächse	Spinat, Rote Bete	Senf	Feldsalat
Möhren	Zwiebeln, Lauch, Knoblauch, Schnittlauch, Endivien, Salat, Erbsen, Kohl, Dill, Kresse, Radies, Rettich, Tagetes, Tomaten, Mangold	Pfefferminze, Möhren	Winterlauch, Winterroggen	späte Buschbohnen, Endivien Herbstrüben
Radies/Rettich	Bohnen, Kresse, Möhren, Salat, Spinat, Mangold, Schwarzwurzeln, Tomaten, Erdbeeren	Gurken, Chinakohl		Spätkohl, Feldsalat

Übersicht: Mischkulturpartner sowie Vor- und Nachkulturen (Fortsetzung)

Gemüseart	günstige Nachbarschaft	ungünstige Nachbarschaft	günstige Vorkultur	günstige Nachkultur
Rhabarber	Bohnen, Erbsen, Kohlgewächse, Salat, Spinat			
Rote Bete	Bohnen, Bohnenkraut, Dill, Zwiebeln, Kohlrabi	Kartoffeln, Mangold, Spinat	Kohlrabi, Radies	Senf
Schwarzwurzeln	Bohnen, Lauch, Radies, Rettich, Salat			Senf
Sellerie	Blumenkohl und andere Kohlgewächse, Bohnen, Lauch, Spinat, Tomaten, Gurken	Kartoffeln, Mais, Sellerie, Kopfsalat	Leguminosen, Winterspinat	Kohl, Schnitt-sellerie
Spargel	Bohnen, Erbsen, Dill, Kohlrabi, Salat		Leguminosen	
Spinat	Bohnen, Erbsen, Kohl, Radies, Rettich, Salat, Tomaten, Gurken, Kartoffeln, Lauch, Sellerie, Kümmel, Rhabarber, Erdbeeren, Beerensträucher	Spinat, Mangold, Rote Bete	fast jede Pflanzenart außer Mangold und Rote Bete	fast jede Pflanzenart außer Mangold und Rote Bete
Stangenbohnen	Rote Bete, Sellerie, Salat, Spinat, Gurken, Zucchini, Tomaten	Buschbohnen, Erbsen, Lauch, Zwiebeln	Frühmöhren	Feldsalat
Tomaten	Bohnen, Kohlgewächse, Möhren, Zwiebeln, Lauch, Knoblauch, Sellerie, Radies, Rettich, Salat, Spinat, Petersilie, Basilikum, Ringelblumen, Senf	Erbsen, Fenchel, Kartoffeln, Rote Bete	Kohlrabi, Senf, Spinat	Senf
Zucchini	Basilikum, Bohnen, Kamille, Zwiebeln	Gurken	Leguminosen	Senf
Zwiebeln	Gurken, Knoblauch, Majoran, Dill, Möhren, Salat, Tomaten, Rote Bete, Zucchini, Obstbäume, Rosen	Bohnen, Erbsen, Blumenkohl und andere Kohlarten, Lauch		Endivien, Herbstrüben, Petersilie

Übersicht: Kräuter im Mischkulturengarten

Kräuterart	geeignete Nachbarn bzw. Pflanzort	Zeitpunkt der Ernte	Zum Trocknen geeignet
Basilikum	Gurken, Fenchel, Tomaten, Zucchini	während der Blüte	ja
Baldrian	eigenes Beet; Ränder von Buschbohnen-, Erbsen-, Frühkartoffelreihen	Blühbeginn (Blüten zur Gewinnung des Blütenextrakts)	ja
Brennessel	Pfefferminze; Baumscheiben	kurz vor der Blüte; zur Jaucheherstellung	ja
Bohnenkraut	Bohnen, Rote Bete, Salat	kurz vor und während der Blüte	ja
Borretsch	Kohlrabi, Kohlarten, Bohnen, Erbsen, Salat, Ränder von Kartoffelreihen	den ganzen Sommer über junge Blätter; Blüten zur Teegewinnung	Blüten: ja Blätter: nein
Comfrey (Beinwell)	eigenes Beet	den ganzen Sommer über junge Blätter; Wurzeln im Herbst	ja
Dill	Beisaat zu Möhren, Gurken, Kohlarten, Zwiebeln, Salat, Buschbohnen, Roten Beten, Spargel	zum Frischverbrauch den ganzen Sommer über; zum Trocknen ganze Pflanze kurz vor der Blüte	ja
Estragon	Beetränder	während des Sommers	ja
Fenchel	Gurken, Salat	Körnerreife: Herbst	ja
Kapuzinerkresse	Baumscheiben	Blätter und Blüten im Sommer	nein
Kerbel	Salat	kurz vor der Blüte	ja
Königskerze	Beetränder (auch fester Boden)	Blätter und Blüten während des Sommers	ja
Kresse	Radies, Rettich, Möhren; Baumscheiben	mehrmaliger Schnitt der Blätter bis zum Schießen	nein
Kümmel	Bohnen, Erbsen, Spinat	Körnerernte: Herbst	ja
Lavendel	Rosen, Ysop	Blühbeginn	ja
Liebstöckel	Einzelplatz	junge Blätter vom Frühjahr bis Sommer	ja
Majoran	Ränder von Zwiebelreihen	sobald sich Knospen zeigen	ja

Übersicht: Kräuter im Mischkulturengarten (Fortsetzung)

Kräuterart	geeignete Nachbarn bzw. Pflanzort	Zeitpunkt der Ernte	Zum Trocknen geeignet
Malve	Staudenbeete oder Ränder	Blüten ab Juli; Blätter von Juni bis August	ja
Melisse	Pfefferminze; Beetränder, Baumscheiben	kurz vor der Blüte	ja
Petersilie	Tomaten; Beetränder	den ganzen Sommer über	ja
Pfefferminze	Kartoffeln, Melisse, Brennesseln	kurz vor der Blüte	ja
Pimpernelle	Schnittlauch; Beetränder	Blätter während des Sommers	ja
Ringelblume	Tomaten, Kohl; Baumscheiben	Blüten während des Sommers	ja
Rosmarin	zwischen Stauden und Rosen, als Beetumrandung	Blätter und Triebe während des Sommers	ja
Salbei	Ysop; Beetränder	Blätter kurz vor der Blüte	ja
Schafgarbe	Beerenobst	in der Blüte, ganzes Kraut	ja
Schnittlauch	Ränder der Möhrenreihen, Pimpernelle; Beetränder	das ganze Jahr über	bedingt
Schnittsellerie	Kohl	Blätter während des Sommers	ja
Senf	Beerensträucher, Tomaten; Vor- und Nachkultur zu allen Pflanzen	junge Blätter im Frühjahr	nein
Sonnenblume	Gartenränder, Einzelplatz	Kerne ab September	ja
Thymian	Ysop; Beetränder, besonders von Kohlbeeten	Triebe kurz vor der Blüte	ja
Weinraute	Staudenrabatten, Rosen	vor der Blüte	ja
Wermut	Schwarze Johannisbeeren, Einzelplatz	Triebspitzen während der Blüte	ja
Ysop	Thymian, Salbei, Lavendel; Beetränder	während der Blüte	ja

REGISTER

Die **halbfett** gedruckten Seitenzahlen weisen auf Abbildungen hin.

M

N

O

P

R

S

Register

Bezugsquelle für Humofix©:
Abtei Fulda
Postfach 126
36001 Fulda

Die Abtei Fulda gibt außerdem die Gartenzeitschrift „Winke“ heraus.

Impressum

Mit 95 Farbfotos und 53 Farbillustrationen.

Farbfotos von Abtei Fulda (1, 2/3, 4, 6, 8, 33 r., 39, 58/59, 64, 68, 90/91, 97, 126, 128, 131 r.), Ursel Borstell, Essen (24, 32/33, 71, 88, 129), Thomas Höller, Kollmarsreute (73, 113), Hans E. Laux, Biberach (10/11, 28, 43, 50, 52, 60, 61, 65, 77, 85, 93, 116, 136, 139), Pforr, Langenpreising: Elisabeth Pforr (20, 40, 80, 101), Manfred Pforr (37, 45, 75, 103, 108, 124, 133, 141), Reinhard Tierfoto, Heiligkreuzsteinach-Eiterbach: Hans Reinhard (11 r., 12, 13, 15, 21, 23, 26, 31, 49, 53, 57, 59 r., 66, 76, 79, 81, 82, 89 u., 91r., 92, 96, 100, 102, 105, 106, 107, 110/111, 111 r., 112, 115, 117, 120, 130/131, 132, 142), Nils Reinhard (47, 72, 86), Ralf Roppelt, Sahara-Werbeagentur, Stuttgart (5, 7, 89 o. l.), Peter Schönfelder, Pentling (14, 34, 36, 51, 67, 95, 121, 134).

Zeichnungen von Reinhild Hofmann, München: alle, außer S. 30, 46, 54, 62, 70, 78, 88: von Johannes-Christian Rost, Stuttgart, koloriert von R. Hofmann.

Umschlaggestaltung von Atelier Reichert, Stuttgart, unter Verwendung von drei Farbfotos von Jürgen Stork, Ohlsbach (vorn) sowie Manfred Pforr, Langenpreising (hinten rechts) und der Abtei Fulda (hinten links).

ISBN 3-440-07397-1
Lektorat: Redaktionsbüro Joachim Mayer, Partenheim
Herstellung: Heiderose Stetter
Printed in Germany/Imprimé en Allemagne
Satz: Steffen Hahn GmbH, Kornwestheim
Druck und buchbinderische Verarbeitung: Westermann Druck Zwickau GmbH, Zwickau

Die Deutsche Bibliothek – CIP-Einheitsaufnahme

Geheimnisse aus dem Klostergarten :
säen und pflanzen, pflegen und ernten ; [für zwölf Monate im Gartenjahr] / Christa Weinrich. Zsgest. von Joachim Mayer. –
Stuttgart : Kosmos, 1998
ISBN 3-440-07397-1

Christa Weinrich OSB (Ordinis Sancti Benedicti) ist Ordensfrau der Benediktinerinnen Abtei zur Heiligen Maria in Fulda und Gartenbauingenieurin. Seit vielen Jahren betreut sie den Garten der Abtei und arbeitet als Redakteurin der Gartenzeitschrift „Winke". Außerdem hält sie Vorträge und Seminare zum biologischen Gartenbau und ist Beraterin von Kleingartenvereinen.

Alle Angaben in diesem Buch sind sorgfältig geprüft und geben den neuesten Wissensstand bei der Veröffentlichung wieder. Da sich das Wissen aber laufend in rascher Folge weiterentwickelt und vergrößert, muß jeder Anwender selbst prüfen, ob die Angaben nicht durch neuere Erkenntnisse überholt sind. Dazu muß er zum Beispiel Beipackzettel zu Dünge-, Pflanzenschutz- und Pflanzenpflegemitteln lesen und genau befolgen sowie Gebrauchsanweisungen und Gesetze beachten.